구조화
프레젠테이션 하라

구조화 프레젠테이션 하라

초 판 1쇄 2023년 03월 31일

지은이 박호범, 손성호
펴낸이 류종렬

펴낸곳 미다스북스
총괄실장 명상완
책임편집 이다경
책임진행 김가영, 신은서, 임종익, 박유진

등록 2001년 3월 21일 제2001-000040호
주소 서울시 마포구 양화로 133 서교타워 711호
전화 02) 322-7802~3
팩스 02) 6007-1845
블로그 http://blog.naver.com/midasbooks
전자주소 midasbooks@hanmail.net
페이스북 https://www.facebook.com/midasbooks425
인스타그램 https://www.instagram/midasbooks

ISBN 979-11-6910-193-6 03190

값 **17,000원**

미다스북스는 다음세대에게 필요한 지혜와 교양을 생각합니다.

구조화
프레젠테이션 하라

구성하여
조화를 이루며
화려한 디자인보다 스토리가 있는

박호범 손성호 지음

THE BEST
PRESEN
TATION

창의적이며 감동적이면서 최상의 성과를 창출하는 PT의
아이디어 발굴부터 스킬, 스토리 구성과 완성까지

미디어숲

발표하는 것은 두렵다. 많은 청중 앞에서 말하는 것은 죽음보다 더한 공포가 있다고 한다. 이렇게 피할 수 없는 상황이라면 어떤 선택을 할 것인가?

3가지 선택을 할 수 있다.

첫 번째는 인정받지 못하는 선택이다. 다른 이에게 부탁을 하거나 기존의 것을 부분 응용해서 발표를 하는 것이다. 안타까운 것은 기회가 왔음을 인지하지 못하고 후회를 선택한다는 것이다.

두 번째는 준비 없는 선택이다. 발표의 주제와 제한 요소도 모른 채 평가 받으려는 것으로 정량적인 부분에 관심을 기울여 발표 시간을 초과하는 경우다. 더하여 과도한 인용으로 발표자의 가치와 철학, 경험 중 어느 것 하나도 제대로 어필하지 못하고 결국 시간과 열정만 소비해버릴 우려가 크다.

세 번째는 후회 없는 선택이다. 발표의 형태와 형식을 갖추고 청중이 듣고자 하는 말로 동기를 부여하고, 시각화 자료를 통해 영감을 준다. 창의적 아이디어와 해결안에 대한 명확한 메시지를 전달함으로써 자신의 주장을 증명하며 설득시켜 나가는 선택이다.

어떤 선택을 할 것인가는 본인에게 달려 있지만 후회 없는 선택을 하기 바란다. 무지가 용기가 되어서는 안 된다. '어떻게' 그리고 '왜'라는 의문을 가지고 프레젠테이션을 준비해야 한다. 시간과 주제, 스토리를 어떻게 전달할 것인가? 그리고 발표내용을 왜 전달하는지를 자신에게 질문하고 스스로 답변하며 준비를 해야 한다.

이 책을 읽는 독자에게 전달하고 싶은 부분은 '4가지 없이' 준비하는 우를 범하지 말라는 것이다. 첫 번째, 구조화 없이, 두 번째, 구성 없이, 세 번째, 디자인 없이, 마지막으로 스토리 없이 하는 것은 아무 의미도 없다는 것을 기억하기 바란다.

구조화는 발표의 방향성과 명확한 주제 전달을 할 수 있고, 구성은 청중에게 창의적 아이디어를 제공할 수 있고, 디자인은 시각적 효과를 통해 메시지 전달 효과를 높일 수 있으며 스토리는 감동을 줄 수 있기에 4가지는 필요충분 요소이다.

이 책은 이 4가지 필요충분 요소를 포함하고 있다. 발표 준비를 어떻게 해야 할지 모르는 사람에게 사전이 될 수 있을 것이고, 취업을 준비하는 취업준비생에게는 순발력과 창의력을 제공하며 문제 발굴 및 문제 해결안을 제시할 수 있는 발표 능력을 향상시킬 것이다.

대학생들에게는 과제 발표와 창업을 위한 아이디어 발굴에도 도움이 될 것이다. 그리고 일반 학생들에게는 수행평가 발표에 많은 도움이 될 것이다.

스토리가 있는 프레젠테이션으로 지금까지의 프레임을 벗어나서 다양성과 창의성으로 인정받을 수 있는 기회를 얻게 되길 바란다.

업무 보고와 제안서 발표 그리고 경연대회에서 프레젠테이션을 한다. 시간과 노력을 투자해서 프레젠테이션 완성도를 높여나가지만, 발표 시 실수를 저지른다. 발표보다 디자인에 관심을 가진 결과다.

프레젠테이션은 종합 예술이다. 디자인을 보여주는 것이 아니라 발표자의 능력을 보여주는 것이다. 청중이 원하는 것을 파악하고 그들의 니즈(Needs)에 부합한 발표를 통해 지지를 받는 활동이다. 물론 디자인도 관심을 가져야 된다. 다만 디자인은 발표보다 비중이 크지 않다는 것을 기억하기 바란다.

저자는 과정에 참여하는 수강생에게 프레젠테이션 구조화의 중요성과 아이디어 발굴이 필요한 이유를 이렇게 설명한다.
"일반 템플릿을 이용한 디자인과 특별함이 없는 발표를 하면서 좋은 성과를 기대하는 마음은 욕심이며, 일반적인 내용을 일반적으로 발표하는 것은 참여하는 데 의미를 두는 올림픽 정신과 같다."
다시 말하면 차별화된 창의적 발표를 해야 한다는 요구이다.

저자는 참여자들이 원하는 욕심을 채워주기 위해 최선을 다한다. 그들에게도 열정을 다해 훈련에 임해 달라는 말을 한다. 저자도 욕심이 있다.

소중한 시간을 할애해서 훈련을 하면 성과가 있어야 한다는 생각이다.

지금까지 여러 명의 수강생들을 경연대회에 참가시켰다. 다행히 모두 입상을 했기에 프레젠테이션 교육 과정과 훈련 방법은 검증되었다고 생각한다.

최근에도 프레젠테이션 경연대회에 1명이 입상을 했다. 그는 업무에 전문가였고 교육담당자였지만, 경연대회에 참여하는 것은 처음이라 두려워했다.

"어떤 내용을 발표하실 겁니까? 대상자는 누구입니까? 그리고 실행하면 청중은 어떤 이익이 있습니까?"라는 질문으로 옥석 가리기를 했다. 발표자의 입장이 아니라 청중의 입장을 고려한 발표에 집중을 했고, 일반적인 것을 거부하고 구조화 작업과 스토리의 옷을 입혀 임팩트(Impact)를 주는 방법으로 훈련을 했기에, 좋은 성과를 거둘 수 있었다.

결과를 통해 알 수 있었던 것은 차별화된 스피치로 청중이 듣고자 하는 내용을 시각화하면 최상의 성과를 창출할 수 있다는 것이며, 프레젠테이션을 창의적으로 제작해서 청중이 관심을 가질 수 있도록 해야 한다는 것이다.

지금 이 시간에도 프레젠테이션을 준비하는 취업준비생, 공무원, 대학생, 초 · 중 · 고등학생들이 있다. 기존의 틀과 텍스트를 옮기는 방법은 좋은 결과를 기대할 수 없다. 그들에게 필요한 아이디어 발굴과 생각 전환 방법을 이 책을 통해 전달하고자 한다.

 이 책은 프레젠테이션을 해야 하는 사람들에게 도움이 될 것이다. 먼저 일반적인 것이 아니라 창의적이며, 텍스트에 의존하는 것이 아니라 시각적 자료를 이용해서 감동을 주고 동기를 부여하는 방법을 학습할 수 있을 것이다.
 또 남의 것이 아닌 자신의 콘텐츠로 제작해서 청중이 원하는 것이 무엇인지 파악하여 감동을 줄 수 있는 발표를 할 수 있게 할 것이다.

 마지막으로 책이 출판되기까지 많은 조언과 정보를 주신 건양대학교 윤화준 교수님, 평택대학교 한기정 교수님께 감사의 말씀을 드린다.

저자 박호범, 손성호

프레젠테이션의 시작

프레젠테이션은 서술형으로 기술하는 것이 아니라, 함축된 용어와 시각화된 디자인으로 스토리를 전달하는 것이며, 제작부터 발표까지 생각, 구조화와 디자인 그리고 스토리로 스피치하는 것이다.

생각

스피치

구조화와 디자인

그리고 발표 주제와 내용을 숙지하고 스토리 연결성을 높일 수 있도록 해야 한다. 프레젠테이션 경연대회에서 성과를 창출하기 위해서는 첫 번째는 구조화, 두 번째는 생각의 역발상, 세 번째는 시각화된 이미지 디자인, 마지막으로 청중이 관심 가질 수 있는 스토리로 연결해야 한다.

어떤 그림을 그릴 것인가?

예를 들면 '토끼'를 주제로 연결할 수 있는 스토리는 '토끼와 거북', '별주부전', '토끼와 사냥꾼' 등이 있다. 하지만 청중은 알고 있는 스토리에 집중하지 않는다. 재방송을 보지 않는 것과 같다.

위의 문제를 이 책을 통해 해결할 수 있다. 첫 번째는 창의적 생각으로 프레젠테이션 내용을 구성할 수 있다.

두 번째는 프레젠테이션 구조화를 바탕으로 스토리 연결과 메시지 전달을 효과적으로 할 수 있다.

세 번째로 구조화의 필수항목을 습득하여 발표에 자신감을 가질 수 있다.

발표자는 메시지 전달에 최선을 다해야 한다. 청중과 공감하고 동기를 부여해야 한다. 아이디어와 창의적 사고 그리고 발표의 최적화를 이 책을 통해 제공하고자 한다.

목차

Ⅲ. 구조화의 기술

Ⅳ. 프레젠테이션 스킬

THE

BEST

PRESEN

TATION

Ⅰ. 생각의 기술

스케치에

스토리로

색깔을

입히는 것이다

스토리

단어의 확장과

용어 선택을 통해

차별화된 문장을

기술하는 역량

생각의 기술

생각의 기술은 프레젠테이션을 위한 첫걸음이며 어떤 내용을 전달할 것인가를 구상하는 단계이다.

1년 전 ○○과정 수강생이었던 A가 도움을 요청했다. 업무성과 프레젠테이션 경연대회에 참가하게 되었다고 했다.

"제가 무엇을 도와드리면 되겠습니까?"

"스피치도 자신 없고, 어떤 주제로 발표해야 될지 모르겠습니다. 처음부터 끝까지 도와주셔야 해요."

밑도 끝도 없이 도와달라는 말에 조금은 당황스러웠다.

"본인의 업무는 중요하다고 생각하십니까?"

"네? 자신이 하는 일이 중요하지 않다고 생각하는 사람이 있나요?"

"그렇다면 업무의 중요성도 포함해야 겠네요?"

"네, 당연하죠."

"알겠습니다. 업무 내용과 성과에 관련된 자료를 주시면 검토하겠습니다."

다음날 부서의 성격과 업무 그리고 성과를 프린트해 왔다. A에게 자료를 10번 읽어 보게 했다. 이후 다시 이야기하자며 돌려보냈다. A는 즉시 훈련을 원했지만 진행하지 않았다. 발표자의 열정, 의지, 간절함 그리고 지속성이 있는지를 확인해 보고 싶었기 때문이었고, 10번을 읽게 한 것은 A 스스로 발표 포인트를 찾을 수 있도록 하는 훈련이었다.

관심 1 구조화 프레임 없이 컴퓨터를 켜고 프레젠테이션 작업을 하는 것은 지양해야 한다. 전체 내용도 구상하지 못하고 단편적인 내용을 전달하는 데 급급하게 된다. 그래서 백지 위에 구조화 프레임을 위한 박스를 만들고, 내용으로 채우면서 스토리를 제작해야 한다, 그러면 그들은 동기부여를 받고 행동을 할 것이다.

A는 불안했는지 다음날 일찍 찾아왔다.

"자료를 10번이나 읽었는데 모르겠어요. 경연대회까지 얼마 남지 않았는데."

"시간이 부족한 것은 아닙니다. 중요한 것은 선생님의 열정과 태도입니다."

"최선을 다할 테니 도와주십시오."

"힘들고 어려울 수 있습니다."

"약속할 수 있습니다. 최선을 다하겠습니다."

결심을 확인하고, A의 불안감을 제거하기 위해 세부 과제를 선정하고 일정을 공유했다.

관심 2 10회 정독의 목적은 전체 주제를 개괄적으로 정리하고, 프레젠테이션 구도를 구성하며 스토리를 준비하는 데 있다.

프레젠테이션 완성도를 높이기 위해 해야 할 첫 번째는 글을 시각화하는 것이다. 명확한 의미 전달로 이해와 공감을 얻을 수 있다. 두 번째는 스토리가 있는 스피치다. 다양한 사례와 경험 그리고 사실적 표현으로 호기심과 관심을 유도하여 청중들을 만족시킬 수 있다.

생각의 기술은 독서와 기재 사용을 통해 의미를 파악하는 훈련을 하는 것이다.

첫 번째는 독서다. 저자의 생각을 창의적으로 표현할 수 있다. 그리고 의미와 스토리를 정리하여 독자에게 전달할 수 있다.

예를 들면 스티븐 코비의 『원칙중심의 리더십』이란 책이 있다. 이 책에는 저자가 전달하고자 한 2가지 메시지가 있다. 첫 번째, 리더는 리더십 역량을 배양해야 하며 철학과 원칙이 있어야 한다. 원칙이 무너지면 위기를 극복할 수 없고, 성과를 기대할 수 없으며 공든 탑이 무너질 수 있다는 것이다.

두 번째, 약속이다. 배는 방향성을 유지하고 목적지로 항해한다. 탑승

한 승객늘은 기대감과 평화로운 여행을 즐긴다. 하지만 목적지 없는 항해라면 상황은 180도 달라진다. 리더는 올바른 방향과 명확한 목표가 있어야 한다. 이를 지키는 것이 약속이다.

스티븐 코비의 『원칙중심의 리더십』의 내용을 아래와 같이 단어를 분류하여 새로운 스토리와 의미를 시각화 자료로 제작할 수 있다.

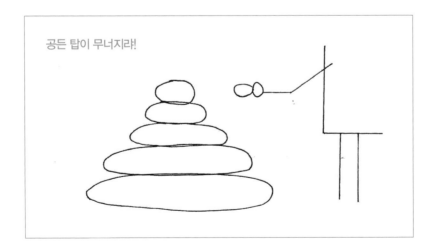

두 단어를 '성과를 세우는 것'으로 연결하고, '무너지지 않는 돌탑'의 의미로 아래 시각화 자료로 제작할 수 있다.

돌탑은 기초가 올바르게 축성되지 않으면 쉽게 무너질 수 있고, 리더도 역량을 개발하지 않으면 성과를 창출할 수 없다는 의미다.

두 번째는, 기재(사물)사용이다. 기재(사물)는 필요성에 의해 만들어지고 필요성은 사람과 용도에 따라 달라진다.

관심 3 단어 분류는 단순 쓰임에 따른 의미와 시각적 의미, 연관된 의미, 사전적 의미를 파악해서 주제에 적합한 스토리로 연결해야 한다.

예를 들면 '망치'를 기재로 '희망'을 정의할 수 있다. 망치와 희망은 연관성이 없다. 하지만 단어를 분류하고 의미를 찾아 연결하면 희망의 메시지를 전달할 수 있다. 방법은 4단계가 있다. 1단계는 기재의 단순한 의미를 아래와 같이 시각화 자료로 제작하면 된다.

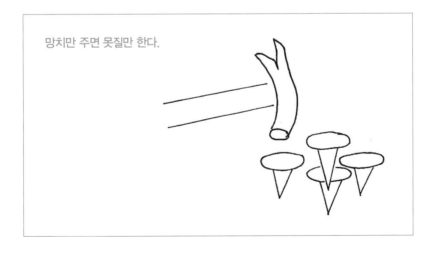

망치만 주면 못질만 한다.

목수에게 망치는 건축 장비로, 못질만 하는 연상을 할 수 있다. 2단계는 의미를 분류하는 것이다. 망치를 기재로 단어를 분류하면 사전적으로 공작물을 두드려서 바로잡는 데나 못을 칠 때 쓰는 연장이라는 의미를 담고 있다. 시각적 의미는 단순히 눈으로 보이는 형태라고 생각하면 된다. 다음으로 연관된 의미는 망치와 관련성이 있는 단어들을 아래와 같이 분류하면 된다.

망치
- 사전적 의미 : 두드려서 바로잡고 못을 칠 때 쓰는 연장
- 시각적 의미 : 쇠, 두드림, 못 박기, 두드림, 펴기
- 연관된 의미 : 나무, 집, 장인, 못

3단계는 선택이다. 주제어와 어울리는 적합한 단어를 선택하는 것보다 무작위로 선택해서 의미를 확장해야 한다. 그리고 단어를 문장으로 연결하는 것이다. '나무, 집, 펴기, 연장'을 주제어 '희망'에 적합한 한 문장으로 연결하면, '희망은 나무로 집을 건축하여 편안한 삶을 살 수 있는 공간을 제공받는 것처럼, 굽어진 삶의 방향을 바로잡고(펴고) 살아갈 수 있는 유일한 연장이 된다.'고 할 수 있다. 4단계는 시각화시켜야 한다. 문장의 내용을 연상하여 시각화 자료로 만들어야 한다.

'희망은 어렵고 힘든 과정 속에 누군가 나에게 손을 내밀어 주는 사람이 있고, 자신도 누군가에게 손을 내밀어 도움을 주는 연결성이 있다. 궁극적으로 희망은 사람에게 있다. 올바른 방향으로 삶을 살아갈 수 있도

록 도움을 받는 것'이라는 의미로 아래 시각화 자료처럼 제작할 수 있다.

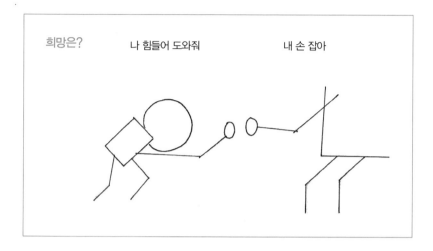

관심 4 단어의 사전적 의미를 파악하고, 시각적 요소를 구체화시켜 연관된 의미를 스토리로 해석하면, 획일화된 내용이 아니라 다양성과 가치를 유지하면서 차별화된 프레젠테이션을 할 수 있다.

시각화된 자료는 숨어 있는 가치와 의미를 시각적으로 제공한다. 시각화된 자료 인용 시 출처를 밝히고 적용하는 것도 괜찮은 방법이지만, 자신이 직접 제작할 때 전달하고자 하는 주제가 명확해진다.

A는 내용을 이해했다고 하지만 불안해 보였다. 준비 과정이 만만하지 않다는 것을 느꼈기 때문이다. '못해도 괜찮아.'라며 위안을 할 때도 있었고, '이왕 하는 것 잘해야 된다.'는 의지를 표현하기도 했다. 감정 기복이 심해지고 있음을 느꼈다.

A에게 몇 년 전에 프레젠테이션 때문에 찾아온 B의 사례를 들려주었다.

B는 "7분 발표를 하는데 발표 분량이 너무 많아 어떻게 해야 될지 모르겠다."고 하기에 "3가지에 중점을 두고 발표를 하면 된다."고 했다. "첫번째, 혜택이 있는지? 두 번째, 사용이 편리한지? 마지막으로 모두에게 적용될 수 있는지? 라는 질문에 답을 할 수 있다면 분량에 대한 고민은 해결할 수 있다."고 했다.

이후, B는 청중들이 듣고자 하는 내용으로 분량을 7분으로 줄여 발표를 했고 승진까지 했음을 알려주었다.

"프레젠테이션 타이틀은 생각해 보았습니까?"

"생각하지 못했습니다."

"타이틀이 중요합니다. 오늘은 타이틀을 제작해야 합니다."고 말하고, 단어 분류와 단어 연결이 숙달되도록 훈련시켰다.

관심 5 타이틀은 주제에 부합해야 한다. 주제는 '리더십'이다. 타이틀을 정하는 방법은 2가지가 있다. 첫 번째는, 두 개 이상의 기재를 이용한 단어 조합을 통해 제작하는 것이다. 앞서 제시된 2단어(집, 나무)로 타이틀을 '큰 집은 작은 나무를 탓하지 않는다.'라고 문장을 연결할 수 있다. '리더는 모든 책임을 지며 부하를 탓하지 않는다.'라는 의미이며. 아래와 같이 시각화 자료로 디자인할 수 있다.

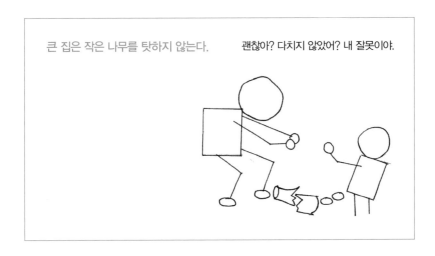

큰 집은 작은 나무를 탓하지 않는다.　　　괜찮아? 다치지 않았어? 내 잘못이야.

위의 자료의 스토리는 '아이의 잘못이 아니고 어른의 잘못이며, 아이의 위험은 부모의 책임이다.'라는 뜻이다. 이 외에도 경험과 접목한 다양한 스토리 전개도 가능하다. 그렇다면 '한 장의 시각화 자료로 표현할 수 있는 스토리 개수와 소요 시간은 어떻게 될까?'라는 질문에 '수십 개의 스토리와 10분부터 수 시간까지 조절이 가능하다.'라고 답할 수 있다. 참고로, 스토리와 발표시간을 고려해야 될 요소는 첫째, 청중이 누구인지, 둘째, 청중은 어떤 말을 듣고 싶어 하는지, 마지막으로 구체적 이익이 무엇인지에 따라 조절이 가능하다.

두 번째로, 단어의 맵(Map)으로 타이틀을 정할 수 있다. 맵(Map)은 단어의 관련성과 연상되는 단어를 기록하면 되고, 단어에는 제한을 둘 필요가 없다.

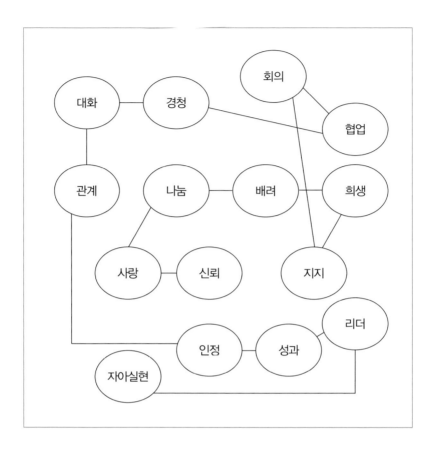

가령 '자신의 내면을 키워라.'라는 주제가 있다면 위의 맵(Map)에서 2 개의 단어(배려, 성과)를 선택하고 문장으로 연결하면 된다.

'배려는 타인을 위한 노력, 성과는 우리를 위한 노력'이 타이틀이며, '내·외적 성장과 협력과 협업으로 성과를 창출하는 것이다.'라는 의미를 부여할 수 있다. 타이틀과 의미를 다음과 같이 시각화 자료로 제작하면 된다. 물론 발표자의 의도에 따라 시각화 자료는 다르게 표현할 수 있다.

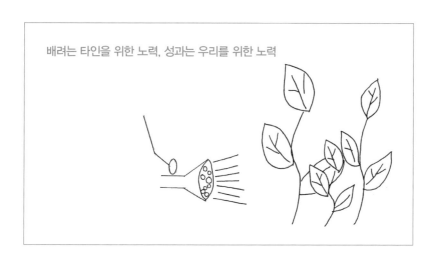

배려는 타인을 위한 노력, 성과는 우리를 위한 노력

'나무에 필요한 것을 제공하고, 성장을 도와(배려) 과실을(성과) 기대한
다.'는 스토리로 구성할 수 있다.

관심 6   타이틀은 프레젠테이션 내용을 함축적으로 표현하는 주제의
밑그림이며 스토리로 구성되어 있다. 직접 경험과 간접 경험 그리고 인
용, 비유, 통계 등 창의적인 디자인과 스토리로 청중들의 관심을 유도하
여 프레젠테이션 목적과 의도 그리고 가치를 전달하는 것이다.(타이틀
제작 기술은 Ⅲ. 구조화의 기술에서)

"타이틀을 정하는 방법을 배웠으니 한 번 해보시죠."
"의미 부여와 연상해서 디자인하는 부분은 어려울 것 같습니다."
"네, 쉽지는 않습니다. 하지만 시간이 있으니 성급한 마음을 갖지 말고
차근차근 훈련하면 좋아질 것입니다."

이어서 1/4 전지와 테이프를 주고 소지품 4개를 붙이라고 했다. 단어에 의미를 부여하고 스토리를 구성하는 훈련이었다.

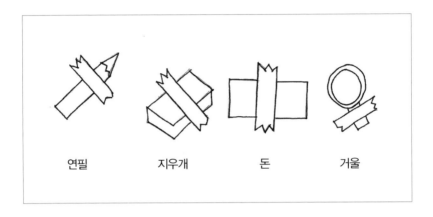

| 연필 | 지우개 | 돈 | 거울 |

A는 '연필, 거울, 지우개, 돈'을 테이프로 고정했다.

"이것을 가지고 무엇을 하나요?"

"지금부터 미션을 드리겠습니다. 4개의 기재를 이용해 제가 드리는 주제어에 어울리는 문장을 만들어 보시면 됩니다."

"주제어는요?"

"주제어는 '봉사'입니다. 4개 기재에 의미를 부여하여 문장으로 만들어 보십시오. 시간은 2분 드리겠습니다."

어떻게 해야 될지 모르겠다는 표정에 단어 맵(Map)을 재차 설명했다.

"앞서 훈련한 단어 맵(Map)을 적용해서 하면 됩니다. 연필은 기록, 역사, 기억, 지움, 볼펜의 의미이고, 지우개는 아픔, 기억, 연필, 머리, 추억, 스토리 의미이며, 거울은 자신, 백설 공주, 아름다움, 모범의 의미입니다. 마지막으로 돈은 가치, 나눔, 재벌, 부자의 의미로 정리할 수 있습니다. 여기에서 단어를 선택하시면 됩니다."

A는 고민 없이 가치, 스토리, 모범, 기억을 선택했다.

"'봉사'를 주제어로 문장으로 연결해 보십시오."

A가 어려워하는 모습을 보이기에

"봉사는 자신에게 가치 있는 스토리를 만들어 주는 것이지, 타인에게 모범이 되고 머릿속에 기억시키기 위함이 아닙니다."라고 문장으로 연결하는 예시를 들어주었다.

A에게 스스로 해야 실력이 향상될 수 있음을 상기시켰다. 단어, 스토리, 모범, 기억, 가치 순으로 어순을 바꾸었다.

"문장으로 연결해 보시죠."

"봉사는 좋은 스토리로 타인의 모범이 되어 기억될 수 있는 가치 있는 일이다. 어떻습니까?"

"잘 하셨습니다."

A는 훈련을 하면서 프레젠테이션의 기초체력을 쌓아가고 있었다.

관심 7 어순 변화에 따라 어감은 다르게 전달된다. 프레젠테이션도 구조화의 구성에 따라 메시지를 다양하게 전달할 수 있다.

숙지 포인트) 타이틀 및 디자인 제작까지의 과정은 다음과 같다.

단어 분류 (1단계)	단어 선택 (2단계)	문장 연결 (3단계)	의미 부여 (4단계)	스토리 구성 (5단계)	디자인 제작 (6단계)
3가지 의미	무작위 선정	한 문장 연결	연상되는 의미	경험(직간접)	심플(Simple)

의미 부여 및 생각의 확장

김춘수 시인의 '꽃'이라는 시가 있다. '이름을 불러 주었을 때 의미를 가진다'는 시로 학창시절 암기하면서 공부를 했다. 시인은 누구이며, 다른 종류의 시는 무엇이 있고, 시류는 어떻고 동시대에 어떤 사람이 있었는지를 외웠다. 성적에는 도움은 되었지만 창의력과 응용력을 배양할 수는 없었다.

관심 8 모방으로 성과를 창출하기에는 한계가 있다. 창의력을 바탕으로 다양한 의미의 스토리를 구성해야 한다. 그동안 무관심했던 기재에 의미를 부여해서 발표자의 의지와 가치를 전달하는 노력을 해야 한다.

다음날 A는 자신감이 없어보였다. '어제 훈련했던 내용을 혼자서 복습하는 것이 어렵다.'고 했다. 자신감 회복이 필요한 시점이라고 생각했다.

"여기에 사과가 있습니다. 관련된 스토리가 있을까요?"라며 종이 위에 사과 하나를 그렸다.

"애플과 스티브 잡스."

"네. 세분화시키면 '스티브 잡스, 팀 쿡(현 애플 CEO), 스티브 워즈니악' 등 사람과 '아이폰, 아이패드, 아이팟' 등 제품을 통해서 스토리를 얻고 마지막으로 관련 회사 '픽사(애니메이션), 디즈니'로부터 스토리를 획득할 수 있습니다. 그리고 '용서를 구하는 사과'라는 중의적 표현과 합격을 기원하며 시험에 떨어지지 않는 사과(일본) 등으로 스토리를 확장할 수 있습니다."

"아담과 이브, 백설 공주도 있습니다."

"맞습니다. 생각의 틀을 벗어나서 확장하면 스토리를 생각할 수 있습니다. 하지만 청중들에게 익숙한 스토리라면 성과를 기대하기 어렵습니다."

1년 전 중학교에서 학생들에게 창의력을 키워주기 위해 역발상이라는 주제로 과정을 진행했다.

서론(착한 백설 공주)	본론	결론
역발상(나쁜 백설 공주)	본론	결론

"역발상의 주제는 '백설 공주'다. 스토리 알고 있지?"

"네, 알고 있습니다."

"누가 말해 볼까?"

학생들 손을 들고 답변을 했다.

"백설 공주는 착한 공주이며 나쁜 왕비의 모략으로 궁에서 쫓겨나서 일곱 난장이들과 함께 생활하다 왕비가 준 사과를 먹고 죽을 수 있었지만 왕자의 도움으로 살아나서 결혼하고 행복하게 살았다는 내용입니다."

"맞아요. 그렇다면 지금부터 역발상의 주제를 제시합니다. 바로 백설 공주가 나쁜 공주예요. 스토리를 어떻게 전개할 것인지 생각하고, 팀에서 스토리를 만들어서 발표하면 됩니다. 시작하세요."

미션을 받아 든 학생들은 소통이 아닌 소음의 수준으로 토의를 했다. 통제할 필요는 없었다. 그들에게는 소통이었다.

학생들이 준비한 백설 공주 발표 중 스토리를 소개하면 다음과 같다.

'백설 공주는 온갖 악행을 저지르다 착한 왕비의 물건까지 손을 대고 말았다. 이에 왕비는 백설 공주를 용서하고 타일렀지만 잘못을 뉘우치지 않았다. 그래서 백설 공주를 벌주려 격리시켰지만, 밤에 탈출을 하여 마을로 들어가게 되었다. 백설 공주는 자신이 공주라고 이야기했지만 백성들은 믿으려 하지 않았고, 도리어 미친년이라는 말을 듣고 마을에서 쫓겨나게 되었다. 마을을 떠난 백설 공주는 산길을 헤매다 지쳐 쓰러지게 되었다. 한참 후 깨어나니 아주 작은 방에 누워 있는 자신을 발견하였다. 이곳에는 나쁜 난쟁이 일곱 명이 살고 있었고, 이들은 백설 공주를 심하게 일을 시키며 부려먹었다. 몇 년이 흘러 백설 공주는 탈출을 시도했고, 흰 백마를 탄 왕자가 백설 공주를 구해주고 자신의 나라로 데려갔다. 편안하게 지내던 백설 공주는 자신이 누구이며 어디에서 왔는지를 말하자 왕자는 알고 있었다는 듯 백설 공주의 모든 것을 이해했다.'

"학생들 창의력이 뛰어나군요!"

A는 역발상 스토리에 공감은 했지만, 학생들만큼 스토리를 제작할 수 없을 것 같다고 했다.

"저도 사과를 생각하면 떠오르는 스토리가 있습니다."

"어떤 스토리입니까?"

"파리가 음식물에 앉으면 앞 다리를 비비는 모습입니다."

"왜요?"

"다리를 비비는 것이 사과일까요?"

"파리의 본능이 아닐까요?"

A에게 아래 시각화 자료를 보여주었다.

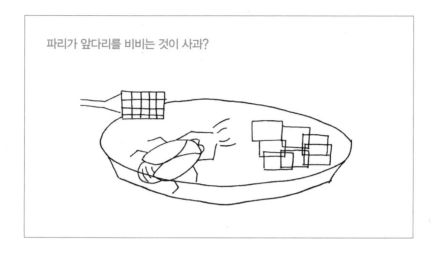

파리가 앞다리를 비비는 것이 사과?

"파리가 살려달라고 용서를 구하는 행동일 수 있고, 음식을 도둑질하는 것을 사과한다고 해석할 수 있습니다. 물론 억지 해석일 수 있습니다. 생각의 확장은 이렇듯 생뚱맞은 생각까지 확대할 수 있다는 것입니다."

A에게 '사과'라는 중의적 표현도 스토리가 제작될 수 있음을 알려 주며, 박스를 그렸다.

서론	본론	결론

서론(결론)	본론	결론

"사각형 박스 6개가 있습니다. 서론, 본론, 결론으로 구성이 되어 있습니다. 이번에는 결론의 내용을 서론에 두고 스토리를 구성해 보는 것입니다."

"재미있겠네요."

"학생들이 했던 백설 공주로 하겠습니다."

학생들의 결론을 서론으로 해서 '백설 공주'를 주제로 스토리를 구성하게 했다.

왕비의 질투	백설 공주와 일곱 난쟁이	왕자와 행복

왕자와 행복	전쟁의 시작	새로운 왕

A는 자신이 구성한 부분에 대해서 설명했다.

"왕자와 결혼한 백설 공주는 왕자를 낳고 평화로운 시간을 보내고 있을 때 나쁜 왕비가 백설 공주 아빠를 죽이고 여왕이 되어 자신보다 예쁜 백설 공주를 죽이기 위해 전쟁을 일으켰다. 하지만 전쟁에서 왕비는 최후를 맞이하였고, 백설 공주는 죽은 아버지를 이어 자국의 여왕이 되었다. 어떻습니까?"

A는 자신이 구성한 스토리에 만족해했고, 생각의 확장과 전환이 프레젠테이션에 반영되어야 하는 이유를 알게 되었다.

관심 9 결론을 서론에 두는 훈련과 역발상 훈련으로 창의적 생각과 아이디어를 창출해서 프레젠테이션을 구성하는 데 도움을 받을 수 있다. 따라서 생각의 전환 훈련은 청중에게 문제를 발굴하고 해결할 수 있는 역량을 배양하는 동기부여가 될 수 있다.

THE

BEST

PRESEN

TATION

II. 전달의 기술

넘치는 물

주워 담지 못하는 것처럼

넘치는 생각

정리하기 어렵다

생각의
변화는
어렵다

단어의 확장과

용어 선택을 통해

차별화된 문장을

기술하는 역량

친구야 내 말 들리니?

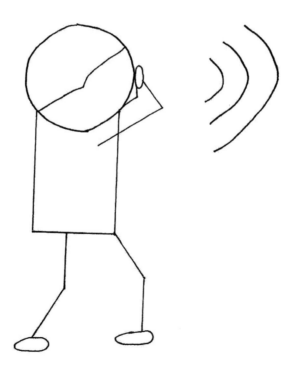

전달하는 기술 - 4음 훈련

청중을 집중시키는 강사가 있는 반면에 청중을 고려하지 않고 일반화된 내용을 특별한 것 없이 지루하게 강의하는 사람도 있다. 전자의 경우는 시간이 빠르게 지나가고 여운이 남는 반면, 후자의 경우에 청중은 강의장을 빠져나가고 잡담을 하거나 잠을 자고 딴짓을 한다. 이 모든 책임은 강사에게 있고, 청중들은 잘못이 없다.

그렇다면 후자의 강사는 무엇이 문제인가? 첫 번째는 목소리, 두 번째는 전달하고자 하는 내용, 세 번째는 전달 방법이다. 이번 제2장 '전달의 기술'에서는 목소리에 대한 내용만 언급한다. 두 번째와 세 번째는 제3장 구조화의 기술 및 다른 장에서도 학습할 수 있다.

목소리는 음향, 음폭, 음색, 음속이라는 4음을 가지고 있다.

첫 번째, 음향이다. 사전적 의미로는 목소리 향기다. 사람, 상황 그리고 시간대별로 다르다. 친한 사람, 사랑하는 사람, 업무적인 대화를 할 때 다르며, 상황별로는 인사, 논쟁, 토론 그리고 브리핑할 때 달라지며, 시간대별로는 아침은 선명하고 간결하게, 점심은 즐겁고 경쾌하게, 저녁은 부드럽고 편안하게 목소리에 변화를 주는 것이다.

두 번째, 음의 속도이다. 속도가 느리면 청중들은 지루함을 느낀다. 속도의 문제에는 말의 반복과 더듬거림도 있다. 말을 반복하는 것은 생각이 말보다 느리기 때문이고, 더듬거림은 생각이 말보다 빠르기 때문에 발생한다. 훈련을 통해 주제를 명확히 하고, 스토리를 숙지하면 문제를 극복할 수 있고, 청중은 편안하게 경청할 수 있다.

A는 의미 부여와 생각의 확장 훈련을 통해 자신감을 가지기 시작했다.

"아무리 좋은 스토리라도 발표자의 목소리가 청중을 거북하게 하거나, 용어의 반복과 더듬거림은 청중의 집중력을 떨어지게 합니다."

"제 목소리와 말하는 부분에 문제가 있습니까?"

"아닙니다."

A 얼굴에 불편함이 보여 화두를 바꾸었다.

"발표 시간은 오전, 오후 언제입니까?"

"오후입니다."

"시간대가 오후면 평상시 말씀하시는 속도보다 빠르게 해야 합니다."

"그렇다면 어떻게 훈련하면 되겠습니까?"

"다행히 말씀하시는 습관이 반복하거나 더듬거리는 부분은 없습니다. 말의 속도만 조절하면 될 듯합니다."

A는 느린 말투였기에 청중 입장에서는 지루함을 느낄 수 있었다.

A에게 책 일부분을 소리 내어 읽게 했다. 초등학교 때를 제외하고 소리 내어 읽어 본 적이 없었다고 하며 어색해했다. 녹음을 해서 자신의 말을 듣게 했다. 시간 내에 책 분량을 읽어가는 방법으로 속도를 유지하고, 경쾌한 스피치 훈련을 반복했다.

음속과 음색을 조절하는 훈련 후 셋째, 음향과 넷째, 음폭에 대한 교정을 했다. A가 가지고 있는 결정적 약점은 허스키한 목소리와 톤에 고저가 없다는 것이었다.

"목이 많이 쉰 편이죠?"

"네."

"괜찮습니다. 쉰 목소리의 장점을 부각하는 훈련을 하면 됩니다. 호소력과 설득력을 높이고, 음의 높고 낮음도 교정할 수 있습니다."

"그런가요? 쉰 목소리를 장점으로 만들고 음의 고저를 교정할 수 있습니까?"

"조금 전 음색과 음속 훈련을 했듯이 충분히 가능합니다."

A에게 드라마 대본을 주며 다양한 캐릭터 훈련을 했다. 여러 명의 인

물 연기를 힘들어했지만, 대화하듯 '쉼'에 중점 둔 끊어 읽는 훈련을 했다. 쉼을 통해 허스키한 목소리를 조절했고, 큰 소리보다 작은 목소리를 낼 수 있게 훈련을 했다.

A는 많은 시간을 자신이 약점이라 생각해 왔던 허스키한 목소리를 교정하려 했고, 변화하려는 강한 의지에 스피치 훈련도 병행했다.

"말을 잘한다의 기준은 무엇이라 생각합니까?"

"끊김 없이 계속 말하는 것을 말을 잘한다고 할 수 있겠죠?"

"그러면 잘 말하는 것의 기준은 무엇이라 생각합니까?"

"필요한 말만 하는 것을 말하는 것이겠죠!"

"그렇다면 프레젠테이션에 필요한 부분은 무엇이라 생각합니까?"

"당연히 잘 말하는 것이겠죠."

"맞습니다. 지금부터 잘 말하는 방법을 설명하겠습니다."

전달하는 기술 - 문장 구조

제목만 보고 책을 구매한 경험이 있다. 미소를 머금게 하는 제목, 잔상이 있는 제목 그리고 감성적인 제목들이 손길을 가게 했다. 제목만 보고 구매한 후 후회한 경험도 있다.

책 제목들이 구매 동기를 자극하듯, 프레젠테이션도 짧은 텍스트로 청중의 호기심과 관심을 불러일으켜야 한다.

문장을 만드는 방법으로 학창시절 배웠던 은유법, 반어법, 대구법을 적용하면 창의적으로 제작할 수 있다. 이 책에서는 문장 구조로 설명한다.

첫 번째는 A=B 구조다. 쉽고 편안하게 사용할 수 있는 구조로 명확한 의사 표현이며 특별함보다 설득력을 강화시킬 수 있고, 두괄식 기법으로 결론을 강조한다.

A=B 구조를 효과적으로 활용하기 위해서는 첫째, 기재(사물)와 스토리(명사, 형용사등), 둘째, 사람과 스토리, 마지막으로 스토리와 스토리 연결을 하는 것이다.

첫 번째 기재와 스토리로 '연필은 사랑이다'라는 표현을 아래 내용처럼 시각화할 수 있다. 구성으로 기재는 연필이며 스토리는 사랑이다.

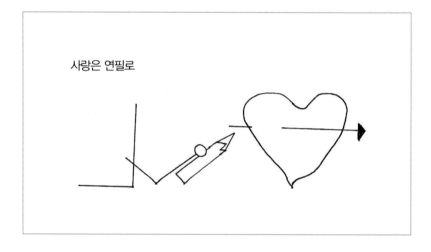

'가장 아름다운 말로 사랑을 표현하는 것이 어려운 것은 쓰고 지우는 행동을 수없이 반복하는 이유와 같고 상대의 마음을 얻기 위해 상대가 듣고자 하는 말들은 모래알처럼 많은 단어에서 찾아야 하기에 어렵고 힘들다.'는 의미다.

과거 부모님으로부터 '텔레비전은 바보상자다.'는 말을 들었다. 숨어 있는 뜻으로는 '공부해.'라는 표현이다. 하지만 최근에는 '텔레비전은 동기부여다.'는 말로 의미가 재해석되고, 아래 시각화 자료로 제작할 수 있다. 기재는 텔레비전, 스토리는 바보상자다.

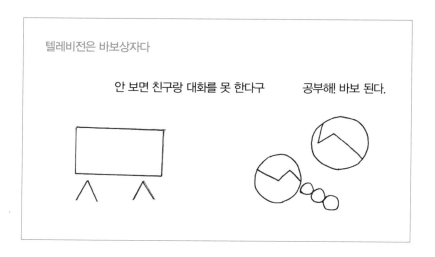

텔레비전을 통해 정보를 얻고 친구 관계가 형성이 되며, 비전을 설정하는 데 도움을 받는다는 의미로 해석할 수 있다.

두 번째, 사람과 스토리를 표현하는 것이다. 다음 시각화 자료처럼 '월트 디즈니는 아이들에게 꿈이다.', '스티브 잡스는 문화개척자다.'라고 표현할 수 있다

평생 나의 꿈이었지

－월트 디즈니－

그 꿈, 내가 영감을 줬지

－ 쥐 －

중요한 것은 스토리를 증거로 증명해야 한다. 청중들은 증거 없는 정의에는 반론을 제기하고 논쟁할 수 있다.

마지막으로, 스토리와 스토리를 연결하는 것이다. '사랑의 아름다움은 변화는 것이다.', '나눔의 가치는 플러스다.', '리더십은 솔선수범이고 리드하는 것이다.'라는 표현들이다. 틀린 표현이 아니다. 다양한 생각과 사고를 서로 인정해 주면 논쟁이 필요 없는 표현들이며 아래 시각화 자료처럼 제작할 수 있다.

흔들리지만 부러지지 않아.

유일하게 나는 너를 흔들 수 있어.

관심 10 결론적으로 A=B는 부족한 시간을 극복하기 위해 필요한 구조다. 단순하지만 확신이 있는 표현으로 강한 Impact(강조)를 줄 수 있다.

다음으로 A=B=C 구조다. 구체적 설명과 덧붙임으로 강조의 효과가 있다. 방법은 첫째, 기재와 스토리+추가 스토리, 둘째, 기재와 스토리-반전 스토리를 적용하여 전달력을 높일 수 있다.

첫째, 기재와 스토리+스토리에 대한 예시로 '책은 감성이고 치유 방법이다.', '연필은 지워지는 추억이다.', '지우개는 희생이고 치유다.'처럼 스토리를 강조하는 측면에서 효과적이다. 아래 시각화 자료의 구조는 A는 핸드폰, B는 변신, C는 불편한 비용이다.

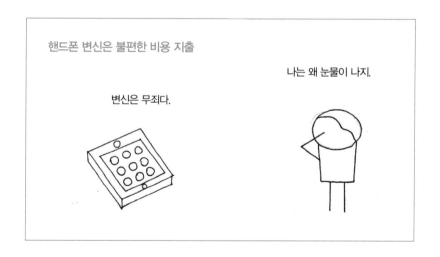

구조를 연결하면 '새로운 핸드폰의 출시는 구매 욕구를 자극해 비용을

지출하게 만든다.'라는 의미다. 다른 스토리는 '다음에 더 좋은 것 사줄게.'라는 부모의 마음이라 할 수 있다.

두 번째로 기재와 스토리—반전 스토리의 예시로 '꽃은 아름답지만 시든다.', '사랑은 연필로 쓰고, 쉽게 지운다.', '사랑은 구속이 아니라 자유를 주는 것이다.'는 표현처럼 반전 효과를 통해 설득력을 높이는 것이다.

위의 시각화 자료의 구성은 A는 책, B는 감동, C는 반전으로 손길이다. '책은 독자에게 감동을 주지만, 독자는 책에 침을 바른다.'는 의미다. 다른 스토리는 '일방적인 대화는 사랑의 소통이 아니다.'는 뜻으로 쌍방향 커뮤니케이션이 되어야 한다는 뜻이다.

관심 11 서술식과 나열식 표현은 책, 보고서, 제안서 그리고 상품 설명서로는 효과적이지만, 프레젠테이션 방법으로는 적합하지 않다. 효과적인 프레젠테이션은 시각적 요소로 제작이 되어야 하며, 텍스트가 많으면 청중은 경청을 소홀히 한다.

두 번째는, A=B and C=D 구조다. 앞부분이 뒷부분을 강조하는 구조로 설득력을 높일 수 있다. 감동과 표현력을 향상시킨다. A와 C의 개념이 반대인 경우와 A와 C가 같은 개념일 경우다.

첫째, 먼저 A와 C가 개념이 반대인 경우이다. '연필이 추억이면, 지우개는 흔적이다.', '사랑이 희생이면, 미움은 더 큰 희생이다.'라는 내용처럼 기재에 스토리와 가치를 전달하는 방법이다.

둘째, A와 C가 같은 경우이다. '성공은 인간관계이고, 완성은 자아실현이다.', '나눔은 행복이고, 희생은 가치다.'라며 긍정적으로 표현할 수 있고, '요리사의 칼은 즐거움을 주고, 강도의 칼은 피를 부른다.', '아픔은 상처를 주고, 이별은 흉터자국을 준다.'처럼 부정적으로 표현할 수 있다.
프레젠테이션은 긍정적인 면을 부각하고, 부정적인 면은 지양해야 한다.

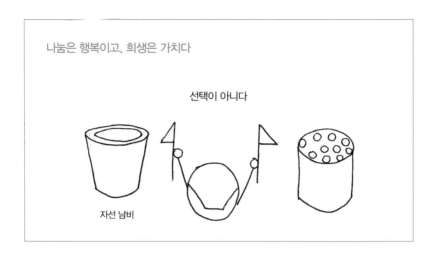

나눔은 행복이고, 희생은 가치다

선택이 아니다

자선 남비

위 시각화 자료의 구성은 A와 C가 같은 개념인 경우로 A는 나눔, B는 행복, C는 희생, D는 가치다. '나누고 희생하는 것은 선택이 아니고, 사람을 행동하게 하는 가치다.'라는 의미가 되며, 얼굴은 검정색으로 얼룩지지만, 마음에는 검게 묻은 얼룩이 지워진다는 스토리로 전달할 수 있다.

세 번째는, A=B But C=D 구조다. C=D를 강조하고 설득력을 높인다. '사랑은 눈물이지만, 이별은 기쁨이다(?)', '기부는 가치이지만, 욕심은 치욕이다.'처럼 핵심적인 부분을 강조할 수 있다.

슬픈 눈물처럼 보이는가?

위 시각화 자료의 구성은 A와 C가 다른 경우로 A는 사랑, B는 눈물, C는 이별, D는 기쁨이다. '뜨거운 눈물로 사랑을 표현하지만 또 다른 눈물인 이별은 슬픈 눈물이 아니라 또 다른 만남을 기대하는 행복의 눈물이다.'는 말처럼 반전의 의미와 일명 '양다리 만남'을 경고하는 스토리로 전달할 수 있다.

네 번째로, A=B But B=A의 구조다. 영감을 주고, 명확한 메시지를 전달할 수 있다. '고래는 새우등을 터지게 하지만, 새우는 고래를 먹여 살린다.', '안전은 사람을 보호하지만, 사람은 안전을 약속하지 않는다.' 등 표어 문구로 많이 사용된다. 아래 시각화 자료의 구성은 A는 고래, B는 새우다.

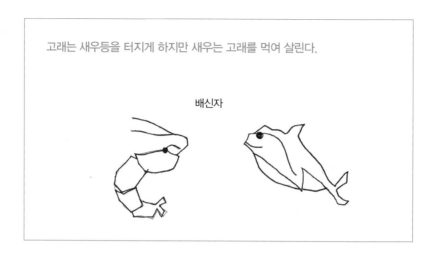

마지막으로 A=B 구조다. 예를 들면 '검은 태양', ' 작은 거인', '태풍 같은 고요', '차가운 열정' 등 이중적 의미로 메시지를 전달하는 방법도 있다.

관심 12 완벽한 프레젠테이션은 없다. 청중이 듣고자 하는 말을 듣게 되면 찬사를 보낸다. '남들만큼만' 한다는 마음이면 안 하는 것이 좋다. 프레젠테이션 경연대회는 차별화된 스토리로 의도와 목표 그리고 가치 전달을 목적으로 경쟁을 하는 것이다. 시작부터 퇴장할 때까지 현재 진행형임을 명심하고 청중의 관심을 얻어야 한다.

A는 다양한 전달의 기술에 놀란 분위기다.
"전달법을 모두 적용하는 것은 아니잖아요?"
"맞습니다. 적절하게 적용하면 됩니다."
"그런데, 저만 어렵게 느껴지는 이유가 있습니까?"

"프레젠테이션은 1인이 하는 종합예술작품이기에 연습을 하지 않으면 어려울 수 있습니다. 말하는 것, 보여주는 것을 1인이 하는 작품 활동으로 짧은 시간 임팩트(Impact) 있게 보여줘야 하는 부담감에 힘들다고 느낄 수 있습니다. 그래서 반복훈련을 하는 것이고, 적합한 단어와 스토리로 메시지를 전달하는 훈련을 하는 것입니다."

관심 13 스피치는 주어진 시간 내에 마무리를 해야 한다. 전달하고자 하는 핵심 내용과 이를 뒷받침할 수 있는 스토리가 받쳐주어야 한다. 일반적인 단어의 조합은 핵심 주제를 전달하기에는 한계가 있다.

관심 14 개인 경험은 명확한 근거와 증거가 있기에 자신 있게 말할 수 있다. 증거는 사실과 통계 그리고 사례를 의미하는 스토리다. 이를 프레임으로 구성을 하는 것이 '구조화'이다. 전체 주제를 구조화시켜 구성과 스토리로 연결하여 자신 있는 프레젠테이션을 할 수 있도록 해야 한다.

프레젠테이션 진행의 모델이었던 스티브 잡스는 3가지 특징이 있었다. 첫 번째는 반복된 연습이다. 청중이 자신으로부터 듣고 싶어 하는 것이 무엇인지, 자신은 무엇을 제공할 수 있을까를 전달하기 위해 연습했다. 두 번째는 발표장을 연극무대로 만들었다는 것이다. 청중들을 참여시킴으로써 무대, 배우, 청중이 하나 되어 작품의 완성도를 높였다는 것이다.

마지막으로 스토리를 시각화했다. 타임테이블에 입각해 시시각각 변화를 주었고, 청중들이 집중할 수 있는 분위기를 만들었다.

결론적으로 스티브 잡스의 프레젠테이션은 연습과 청중의 참여 그리고 전달 방법에 차별화가 있었다.

- 주제 연구
- 주제 선정
- 정보 수집
- 정보 분류
- PPT 구조화
- 항목별 내용 적용
- PPT별 핵심 전달 내용
- PPT 디자인
- 발표기재 준비
- PPT별 핵심 전달 내용
- 연습 및 최종 리허설

시각화 자료를 제작하고 발표를 위해서는 절차가 필요하다. 주제 연구부터 리허설까지 반복 훈련을 통해 완성도를 높여 가야 한다.

A에게 3가지 어려움이 있었다. 첫째, 창의적으로 접근하는 것, 둘째, 외워서 하면 안 된다는 것, 셋째, 구성을 어떻게 해야 할지였다.

"프레젠테이션을 준비했던 분들이 공통적으로 느꼈던 부분입니다."

"다른 분들도 어려워했나요?"

"네, 쉽게 생각하시는 분이 없었습니다."라며 포기하지 말 것은 당부했다.

"그럼, 어려워하시는 부분을 지금부터 설명을 드리겠습니다. 설명 중간에라도 궁금한 부분이 있으면 질문하십시오."

첫 번째는 창의적 사고는 타인과 차별화된 발표를 하기 위해서다. 창의적 사고를 방해하는 것이 기존의 템플릿과 일반적 단어로 구성된 텍스트다. 극복하기 위해서는 텍스트를 시각화 자료로 제작해야 하고, 템플릿을 주제와 부합하게 만들어야 한다. 예를 들면, (A)와 (B)의 자료가 있다.

프레젠테이션의 창의적 사고의 적용은 스피치 부분, 시각적인 부분, 디자인 부분, 템플릿 부분 등에 적용될 수 있다.

리더의 역량 (A)

리더는 5가지 역량을 갖추어야 한다.

1. 창의력
2. 순발력
3. 위기대처능력
4. 상황판단능력
5. 문제 해결능력

리더의 역량 (B)

강을 건너는 방법을 찾아라.

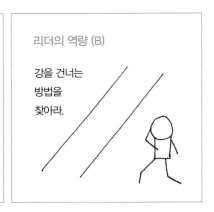

(A)는 텍스트로 구성된 일반적인 자료다. 반면 (B)는 (A)를 시각화했다. 참여를 통해 답을 찾고, 텍스트보다 시각적 효과를 적용하여 청중들이 만족할 수 있도록 자료를 제작했다.

그리고 창의적 사고는 플러스 사고, 마이너스 사고를 하면 된다. 창의적 접근은 '생각 비틀기(2편에서)'라고 한다. 생각 비틀기는 거꾸로, 반대로, 뒤집기 등 다른 각도에서 바라보는 것이다.

플러스 사고는 기존의 기재에 더하는 것이다. 예를 들어 안경에 플러스 요소를 적용하면 색을 넣을 수 있고, 안경테 중간을 접게 할 수 있고, 도수가 있는 안경을 만들 수 있다. 물론 기술적인 문제도 있을 수 있지만, 새로운 아이디어를 추가해 나가는 것이다.

마이너스 사고는 기존의 기재에 불필요한 것을 제거하면 된다. 대표적인 것은 컴퓨터, 충전기 등의 기재를 유선에서 무선으로 전환하는 것이다.

창의적 사고는 기존의 프레임을 벗어나는 훈련을 하는 것이다. 예를 들면 신호등은 색은 초록색, 주황색, 빨간색으로 표시된다. 사회적 약속은 초록색은 통행이 가능하고 주황색은 경고, 빨간색은 통행제한을 뜻한다. 사회적 약속을 삶에 적용하면 초록색은 푸른 꿈을 가꿀 수 있는 기회를 얻고, 주황색은 자신의 태도와 행동에 견제를 하며, 빨간색은 행동의 제한 및 절제로 해석할 수 있다. 사회적 약속과 같은 규칙을 재해석하는 훈련도 프레젠테이션 구조화를 구성하는 데 도움이 된다.

두 번째는 외워서 하는 것이 어렵다는 것은 훈련을 통해 극복이 가능하다.

프레젠테이션은 외워서 하는 것이 아니라, 스토리와 용어를 자신의 언어로 만들어서 발표하는 것이다. 단어와 조사가 달라도 내용의 흐름이 바뀌지 않기에 스토리에 맞는 용어를 찾는 훈련을 하면, 외울 필요가 없다.

마지막으로 구성이 어렵다는 것은 구조화가 안 된다는 뜻으로 순서, 전개방법, 해결안 및 결론을 전개하는 어려움을 말한다. 스토리의 연결, 항목별 핵심전달 내용을 구조화하면 프레젠테이션의 어려움을 해소할 수 있을 것이다. 제3장 구조화에서 상세히 설명한다.

THE

BEST

PRESEN

TATION

III. 구조화의 기술

구조화는 시간, 스토리

그리고

Architecture(설계) **구축과**

System(시스템)**이다**

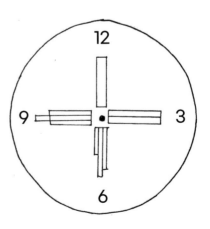

프레젠테이션의

방향과 유연한 흐름을

유지시킬 수 있다

프레젠테이션의 모든 것

구조화의 기술

몇 년 전 밤늦은 시간에 ○○과정을 수강했던 분들로부터 '급한 일인데 도움을 받을 수 있을까요?'라는 문의가 왔었다.

그들은 1년 동안의 성과 서류를 보여주었다. 성과 프레젠테이션 경연 대회가 열리는데 대표로 참가하게 되었다고 하며 자료 제작과 발표를 도와달라고 했다.

자료는 텍스트로 가득 차 있었고, 전달하고자 하는 내용이 무엇인지 명확하지 않았다. 연습을 했다고는 했지만 아이-컨택트(Eye-Contact)는 되지 않았고 텍스트를 읽어가는 수준이었다. 발표 시간은 초과하며 한마디로 엉망이었다. 답답한 마음이 들었다.

"본인이 심사위원이라면 점수를 어느 정도 줄 수 있겠습니까?"

"과락입니다."

"그렇다면 무엇이 문제인 것 같습니까?"

"문제가 뭔지 모르겠어요. 그러니 더 문제인 것 같아요."

"아니 점수는 과락인데 문제가 무엇인지 모른다는 것은 이해가 안 되네요."

그들에게 언제부터 준비했고, 발표 주제는 어떻게 정했는지 그리고 발표 일정은 언제인지 질문했다. 그런데 경연대회가 이틀 남았다며 불안해 하면서도 준비 상태가 어느 정도인지 모르는 것이 당황스러웠다.

늦은 시간이라 그들을 돌려보내고 자료를 검토했다. 50여 페이지에 달하는 서류를 4번 정도 읽어 보니 발표 주제와 스토리 윤곽이 잡혔다. 단지 시간과의 싸움이 될 듯했다. 프레젠테이션 내용을 구조화하기 위해 타이틀부터 영감(Inspire)까지 16개의 박스를 만들어 장별 핵심 항목과 주제를 선정하고 시각화 자료를 제작했다.

무엇보다 중요한 것은 훈련시간 확보였다. 그리고 시각화 자료에도 허술함이 없어야 했다. 작업을 하면서 승부욕이 일어났다. 경연대회 출전 자들이 모두 입상하는 역사를 만들었는데, 이번 일로 역사가 끊어지면 안 된다는 생각이었다.

다음날, 점심시간에 그들이 왔다. 반차를 내고 왔다고 했다. 그들에게 간절함이 느껴졌다. 좋은 결과를 기대하면서 밤을 새워 만든 자료를 설명했다. 그들이 만든 자료와는 180도 다르게 제작되었고, 청중이 듣고자 하는 말을 시각화자료에 반영해서 발표할 수 있도록 준비를 했다.

특히, 시연(Demonstration)으로 임팩트(Impact) 있는 전달에 포인트를 두었다. 그들은 어색해했지만 반복훈련을 했고, 외워서 하려는 태도를 보일 때도 있었지만, 그들의 용어로 습득시켰다. 6시간의 반복훈련으로 좋은 결과를 기대할 수준까지 도달하였다.

다음날 저녁시간 전화벨이 울렸다. 그들의 전화다. "2등 했어요."라는 말에 축하를 해주었고, 더 기뻤던 것은 구조화된 프레젠테이션 훈련은 짧은 시간으로도 성과를 창출할 수 있다는 것을 증명해서 기뻤다.

"발표자가 몇 명이었습니까?

"27명이고 발표 순서는 18번째였습니다.

"아쉬운 부분은 없었습니까?"

"시연(Demonstration)으로 임팩트(Impact)를 주려 했는데, 어설프게 했던 것 같습니다."

"1등을 놓친 것은 아쉽지만, 입상할 수 있었어 다행입니다. 다시 한 번 축하드립니다."

그들에게는 오늘의 성과가 자신감을 가질 수 있는 동기부여가 되었을 것이다.

프레젠테이션 구조화를 학습하면 시간이 촉박하더라도 만족할 만한 성과를 거둘 수 있다. 그렇다면 구조화는 어떻게 하는 것인가?

A는 발표 경연대회가 2주 후로 다가오자 불안해했다.

"많이 걱정되십니까?"

"경연대회 일정이 얼마 남지 않았는데 손에 잡히는 것이 없어요."

"기본 훈련은 벌써 끝났습니다. 훈련했던 부분을 응용해서 적용만 하면 됩니다. 걱정 안 해도 될 듯합니다."

A의 급한 마음을 진정시키고 구조화에 대한 훈련을 했다.

관심 15 프레젠테이션 구조화는 발표의 시작과 끝이다. 어떻게 시작해야 하는지 그리고 메시지 전달은 어떻게 해야 하는지, 결론은 어떻게 정리해야 하는지 그리고 마지막으로 영감을 어떻게 줘야 하는지를 스토리로 연결하여 전달하는 구성이다.

구조화 1 : 오프닝(Opening)

구조화의 첫 번째는 오프닝(Opening)이며 호기심 자극이다.

간혹, 오프닝을 질문으로 진행하는 경우도 있다. 주의할 점은 지식과 지혜를 묻는 질문을 지양해야 한다. 청중의 지식 테스트를 해서는 안 된다. 질문은 청중들과 신뢰(Rapport)를 형성하는 방법일 수 있다. 하지만, 경연대회에서는 유리한 방법은 아니다.

그렇다면 오프닝(Opening)은 어떻게 해야 하는가? 오프닝(Opening)은 전체 주제의 핵심 단어를 전하는 메시지가 되어야 한다. 첫째, 모두를 참여시키고, 두 번째, 시각화를 통해 호기심을 자극하며 근거와 증거로 직접 경험 또는 간접 경험을 스토리로 전달하는 것이다. 마지막으로 시연(Demonstration)을 사용하여 극적인 표현으로 의미를 부여하면 된다.

첫 번째, 오프닝(Opening)의 참여는 단체 및 팀 미션, 개인 미션을 주제와 현장 상황에 따라 청중을 참여시켜야 한다. 단체 미션은 캠프 형태의 프로그램을 진행할 때 운용할 수 있고, 팀 미션은 리더십과 같은 과정을 진행할 때이며, 개인 미션은 세미나와 같은 프로그램을 진행할 때 적용하면 된다.

두 번째, 시각화와 시연(Demonstration) 통해 호기심을 자극하는 것은 경연대회에서 차별화된 스토리로 핵심의미를 부여하고, 연출된 행동으로 메시지를 전달하면 도움이 된다.

'주도적 삶을 위해 무엇이 필요하며, 경험은 삶에 어떤 영향을 주는가?'라는 주제로 청소년들에게 강의를 할 때였다. 강의 주제가 무거웠는지 강의에 전혀 관심을 보이지 않는 학생, 어쩔 수 없이 앉아 있는 학생, 장난치는 학생 등 강의에 집중할 수 있는 상황이 아니었다. 그래서 학생들을 집중시키기 위해 A4용지를 보여주고 세우려 했다. 실패를 몇 번하니 학생들의 반응이 나왔다. '접으세요.'라고 말한다.

"너희들이 말한 대로 접어서 세우면 종이는 세워진다, 그렇다면 접은 부분을 무엇이라 할 수 있을까?"

학생들로부터 원하는 답을 듣지 못했다.

"그것은 경험이다."라고 말하고 학생들의 반응을 살폈다.

경험의 중요성을 설명하기 위해 시연(Demonstration)으로 관심 끌기를 했던 것이다.

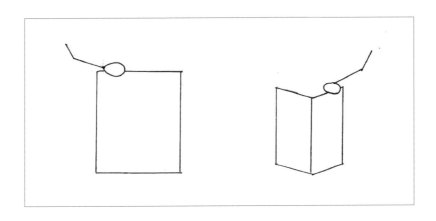

오프닝은 타이틀과 연결되어 주제의 밑그림을 제공하며, 전체 주제와 연관된 내용을 전달하는 구조다. 발표 시간에 쫓겨 결론도 내리지 못하고 마무리하는 경우가 있기에 오프닝(Opening)에서 핵심 주제에 대해 언급할 필요가 있다. 주의할 것은 오프닝(Opening)은 일방적이 아닌 쌍방이 함께 풀어가는 스토리가 되어야 함을 명심해야 한다.

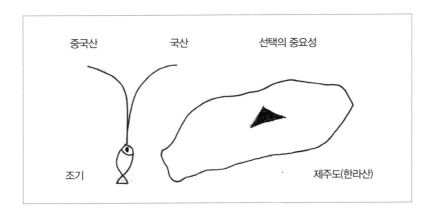

앞의 시각화 자료가 의미하는 핵심 주제는 선택이다. 구성은 제주도와 물고기(조기)다. 제주도 근해에서 잡히는 조기 대가리가 왼쪽으로 가게 되면 중국산 조기가 되고, 오른쪽으로 가게 되면 국산 조기가 된다. 같은 조기지만 어디에서 잡히는가에 따라 가격이 다르다. 단지 가격 차이를 말하고자 하는 것이 아니라 '선택'의 중요성을 언급하고 있다. 찰나의 선택으로 가치가 달라지기에 현재의 역량을 개발하고 현명한 선택을 당부하는 것이다.

두 번째는 오프닝(Opening)의 시각화 자료는 호기심 자극과 동기를 부여하고 참여를 유도할 수 있다. 무엇보다도 학습 태도와 집중력을 유지할 수 있는 계기가 되며 마중물이 된다. 적극적으로 전달하기 위해 최선을 다해야 하며 프레젠테이션의 승패가 오프닝에 달려 있다는 생각으로 표현해야 한다.

아래 시각화 자료가 의미하는 것은 '조합의 필요성'이다.

사각형, 원, 직선 6개, 무한대, 삼각형 2개, 점 3개는 각각 떨어져 있다. 의미도 없는 도형이며 가치도 없다. 그림만으로 보면 도형들의 완성체가 무엇인지 상상도 못하지만, 조합의 결과는 '헬로 키티'다.

위 시각화 자료의 메시지는 '떨어져 있는 역량들로는 존재감과 성취감을 보장할 수 없다.'는 내용이며, 반대로 역량과 개성을 조합할 때 존재가치를 높일 수 있고, 경쟁에서도 승리할 수 있는 기회가 될 수 있다는 의미이다.

마지막으로 시연(Demonstration)은 임팩트(Impact)를 전하는 퍼포먼스로 청중들에게 영감을 주고 동기를 부여하는 것이다. Ⅳ 제2장에서 구체적으로 설명한다.

관심 16 프레젠테이션에서 스피치는 한마디도 버릴 것이 없어야 한다. 발표가 진행되는 동안 청중들이 몰입할 수 있도록 도움을 주어야 한다. 발표자가 할 수 있는 최고의 배려이다. 청중들의 소중한 시간이 헛된 시간이 되게 해서는 안 된다.

참고로, 오프닝(Opening)은 타이틀을 연결하는 브릿지(Bridge) 역할을 하며, 원활한 발표를 위한 구성이 될 수 있다.

구조화 2 : 타이틀

오프닝을 통해 구조화의 첫 문을 열었다. 창의적 생각과 확장으로 구조화를 완성해 가면 된다. 먼저 전체 프레젠테이션의 타이틀과 내용별 타이틀은 단어를 분류하고 연결을 통해 제작하면 된다.

구조화 절차(Process)
아이디어 구상
타이틀 및 아젠다(목차) 확정
프레임 구축(필요항목 정하기)
PPT 구성(항목별 메시지 정리 및 디자인)
메시지 전달 방법 구상
반복 연습

청소년들에게 명언 만들기 훈련을 했었다. 명언은 '경험의 결과를 짧은 메시지로 남긴 것이다.'며 경험의 중요성을 인식시키고 '리더십'을 주제어로 명언 제작을 했다. 처음에는 연상되는 4단어를 작성하고 한 문장으로 연결했을 때는 비슷한 메시지가 많이 있었다. 그래서 기재를 사용했다. 기재에 연상되는 단어를 적어 문장으로 연결하여 발표를 시켰다. 연상만으로 했을 때보다 다양한 메시지가 많았다.

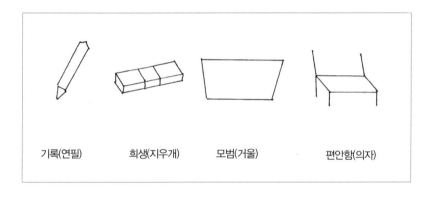

기록(연필)   희생(지우개)   모범(거울)   편안함(의자)

학생들은 4개의 기재에 '기록, 희생, 모범, 편안함'으로 의미를 부여하여 '편안함에는 희생이 없고, 기록되지 않는 모범은 있다.'라고 발표를 했다. 그들이 발표한 스토리는 '착한 일과 가치 있는 일은 자랑하지 않는다.'는 뜻이었고, 시각화 자료를 다음과 같이 제작했다.

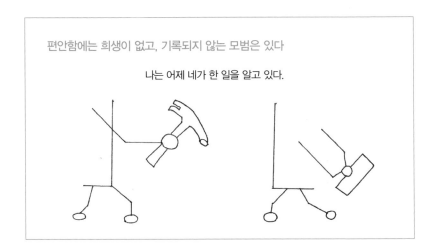

편안함에는 희생이 없고, 기록되지 않는 모범은 있다

나는 어제 네가 한 일을 알고 있다.

학생들 스스로 기재를 이용한 발표에 놀라움과 박수를 아끼지 않았고, 명언 만들기에 대한 의미를 이해하는 시간이 되었다. 관련성 없는 기재를 이용해 생각의 확장과 생각 비틀기를 통해 학생들의 창의력을 개발하는 훈련이었다. 명언 만들기와 타이틀 만들기는 같은 방법으로 제작하면 된다.

모 기관에서 프레젠테이션 경연대회에 참석하려는 2명이 의뢰가 왔다. 발표 주제가 정해져 있었고 의뢰자들이 시각화 자료를 준비했다고 하기에 디테일한 부분만 잡아주면 되겠다는 생각을 했다.

그들에게 준비된 자료로 프레젠테이션을 요청했다. 그들은 자신이 준비한 자료를 읽었다. 주제와 핵심메시지가 없었다. 청중에게 어떤 메시지를 전하고 싶은지 물었다. 그들 중 한 명은 리더십의 중요성에 대해 말하고 싶다고 했다.

그에게 리더십에 대한 정의와 시각화된 자료의 스토리가 100% 인용을 통해 제작한 이유에 대해 물었다. 그의 대답은 '이렇게 해야 되는 것이 맞지 않는가?'라고 역질문을 할 때, 조금은 당황스러웠다. 타이틀 포함 거의 모든 내용이 타인들의 사례와 인용으로 제작되었고, 발표자가 생각하는 철학과 가치는 없었다. 초보자들이 저지르는 실수다. 통상 인용을 하는 것은 많은 참고자료를 토대로 만들었기에 '내용적인 측면에서 깊이가 있을 것이다.'라는 늪에서 헤어 나오지 못한다. '본인의 생각과 가치 그리고 철학이 포함되어 있어야 한다.'는 말을 했지만, 그는 수용하지 않았다. 대화가 되지 않았다.

이후, 그는 내용 전달에 포인트를 둔 강의 형태로 진행하려 했었다고 했다. 그래서 이번 경연대회는 내용을 전달하는 것보다 가치와 철학을 타이틀에 녹여 내고, 증거가 있는 스토리로 발표해야 된다는 것을 상기시켰다.

그에게 시각화 자료 교체를 요구했다. 그는 난감해했지만, 구조화를 적용하여 구성을 했고, 본인의 가치와 철학이 포함된 타이틀 제작을 했다. 그런데 그는 코로나 감염자가 되어 경연대회에 참여하지는 못했다. 그는 아쉬움이 있지만, 이번 훈련을 통해 프레젠테이션의 접근과 전개 방식의 이해를 했다며 감사한 마음을 전해 왔었다. 물론, 다른 한 분은 직무 발표를 통해 입상할 수 있었다.

프레젠테이션 경연대회에 참가하는 사람들의 일부는 앞서 언급한 발표자처럼 자신의 생각과 철학 그리고 가치를 타이틀에 녹여 내지 못하고 다른 사람의 삶을 설명하려는 경우가 있다. 이런 경우 대부분이 프레젠테이션 경연대회 참가 조건과 제한사항을 모르고 준비했기 때문이다. 프레젠테이션을 준비하는 사람들은 경연대회의 목적과 의도를 타이틀에 반영해야 한다. 주최 측의 의도와 다른 스토리로는 입상의 기회는 없다.

관심 17 프레젠테이션의 타이틀은 주제를 품어야 하고 설득력과 신뢰가 있어야 한다. 발표자 본인이 경험한 기록으로 검증하면 된다. 그래서 인용보다 효과적이다.

구조화 3 : 스팟(Spot)

목차가 타이틀과 어우러져 프레젠테이션의 큰 그림을 그린다. 취지와 목적 그리고 스토리로 구성하여 의미를 전달하는 것을 '스팟(Spot)'이라고 한다.

물론 사전적 의미의 '스팟(Spot)'은 점, 장소이고 구어로는 차례, 순번, 프로그램과 프로그램 사이에 끼어 넣는 광고의 의미가 있지만 책에서 스팟(Spot)은 프레젠테이션 오프닝, 타이틀 전개 후 목차를 강조하기 위한 구조화된 스토리다.

모 기관에서 프레젠테이션 과정을 진행할 때였다. 그들은 지금까지 발표했던 방법대로 하더라도 문제가 없었고, 구조화가 필요한 이유를 모르겠다고 했다.

과정의 효과를 창출하기 위해 반전이 필요했다. 차별화된 발표와 구조화의 중요성을 직접적으로 알려줄 기회라 생각해 시연(Demonstration)을 통해 스팟(Spot)의 필요성과 중요성을 전달했다.

"여기 A4 용지가 있습니다."

종이를 찢어버리며 말했다. "가끔 우리가 하는 일이 찢어지는 아픔을 주기도 합니다. 아니면 앞으로 경험할 수도 있습니다. 다만, 이렇게 찢어지면 성과 달성을 기대할 수 없습니다."

찢어진 종이를 던지며 말했다.

"하지만, 찢어진 종이들이 어느 순간 우리에게 꽃가루가 되어 앞길에 뿌려질 수 있습니다. 그때까지 기다릴 수 있는 인내와 열정이 있다면 말이죠."

그들은 아무런 말도 하지 않았고, 수강생중 한 명이 침묵을 깨며

"그것이 스팟(Spot)입니까?"

"네, 이것이 Spot입니다."

설득이 없이, 구조화 스팟(Spot)을 보여주고 싶었다. 시연(Demon-stration)을 통해 이해를 시켰고, 스피치에 반영하려 했다. 하지만 근본적으로 스팟(Spot)을 이해했다고 생각하지 않았다. 스토리텔링이 필요했고. 다음 절차를 통해 그들의 훈련을 도왔다.

스팟(Spot)(예시) – 시연(Demonstration)
전달하기 위한 주제
사물 및 기재
의미 파악(연관성)
어떻게, 무엇을 보여줄 것인가
스토리를 구성
전달하고자 하는 핵심 주제

발표는 준비된 스토리를 말하는 경우도 있지만 현장에서 '즉문즉답'으로 해야 되는 경우가 있기에 순발력으로 대처하지 않으면 안 된다.

훈련에 앞서 시연(Demonstration)으로 주제어인 '리더십'을 스팟(Spot)으로 보여주었다.

전달하기 위한 주제	리더십 –시연(Demonstration)
사물 및 기재	성냥
의미 파악(연관성)	자신을 태워 밝힌다(희생)
어떻게, 무엇을 보여줄 것인가	성냥불
스토리를 구성	불을 붙이고(침묵)
전달하고자 하는 핵심 주제	주변이 밝은 이유는 자신을 태우기 때문이다. 이것이 희생이다.

그들이 참여할 수 있도록 가벼운 미션을 주었다. 기재로는 페트병이고, 주제어는 '말의 중요성'이었다. 수강생들 중 기억에 남는 시연(Demonstration) 스팟(Spot)이 있어 소개한다.

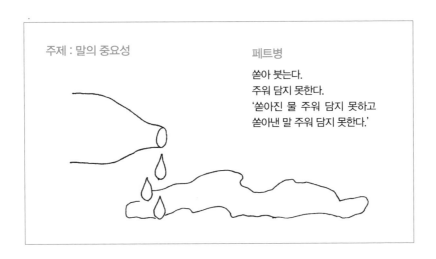

주제 : 말의 중요성

페트병

쏟아 붓는다.
주워 담지 못한다.
'쏟아진 물 주워 담지 못하고
쏟아낸 말 주워 담지 못한다.'

그는 위의 시각화 자료를 보여주고 발표를 시작했다. 페트병 뚜껑을 열고 바닥에 물을 쏟으며 하는 말이다. "쏟아진 물 주워 담지 못하듯, 말도 주워 담지 못한다."며 말의 중요성을 Spot으로 보여주었다. 결과적으로 수강생들은 스팟(Spot)훈련으로 메시지 전달의 중요성을 알게 된 계기가 되었다.

관심 18 프레젠테이션 스팟(Spot)은 시연(Demonstration)만 있는 것이 아니다. 스토리로 할 수도 있고, 팀 전원이 참여하는 미션으로도 할 수 있다. 스팟(Spot) 선택은 청중, 주제 그리고 강의 환경에 따라 선택하면 된다. 필요한 사람들에게 필요한 것을 제공해야 설득력이 높아진다. 들고자 하는 말을 효과적으로 전달할 수 있는 방법으로 스팟(Spot)을 활용할 수 있다.

스팟(Spot)은 두 가지로 정의할 수 있다. 첫 번째, 목차를 연결, 두 번째, 시각화 자료의 핵심 주제 전달이다.

첫 번째는 목차를 연결하는 것은 전체적인 줄거리를 스팟(Spot)으로 증명하는 것으로 브릿지(Bridge) 스킬을 적용하여 전체 흐름을 유지하는 것을 말한다. 두 번째는 시각화 자료의 핵심 전달은 작은 주제들로 큰 주제를 증명하는 것을 말한다.

몇 년 전 학부모 입장에서 강의를 들을 기회가 있었다. 주제가 좋았다. 전국구로 강의하는 사람이라고 소개를 받아 기대감이 컸다. 참고로 강의를 하는 사람도 많은 강의를 듣는다. 책과 논문을 통해 학습을 하기도 하지만 강의를 들으면서 표절이 아닌 자신만의 강의를 만든다.

강의가 시작되자 많은 시간을 할애해서 자신의 유명세를 말했다. '이곳에서 강의를 할 수 있는 충분한 자격이 있는 사람이구나.'는 생각을 하며 집중했다. 하지만 좋은 말을 많이 하는데, 몇 가지 종류의 책과 내용을 짜깁기해서 말하는 것이었다. 질문을 하라고 했다. "앞서 말씀하신 강의 내용들은 책 소개를 받는 느낌이었습니다. 오늘 강의 주제에 맞는 스토리이긴 하나 주제에 대한 강사의 철학과 가치는 무엇인지 모르겠습니다.”고 했다. 강사는 당황했던 모양이었다. 답변을 하지 않고 '어디에서 근무하냐?'라며 역질문을 했다. 질문에는 명확하게 답변하지 않고 대충 넘어가며 강의는 마무리되었다.

아쉽지만 저자가 강사였다면 종이를 기재로 주제와 연결하며 답변을 했을 것 같았다. 첫 번째, 종이에 구김을 넣고, 두 번째, 세우고, 세 번째, 구김의 의미를 설명하면서 '구김은 경험이고 목표를 세우는 의미가 있기에 쓰레기가 아니다. 따라서 타인의 삶을 인용하고 배운다는 것은 또 다른 경험이기에 쓰레기 정보가 아니라 의미와 가치가 있다.'고 말하고 주제와 연결해서 강의를 했을 것이다.

강사는 청중들이 의문을 가지고 있는 부분에 대해 명확한 답변으로 이해를 시켜야 한다. 강사의 역량은 '즉문즉답'을 통해 평가를 받아야 하고, 타인의 생각을 자신의 것으로 주장하면 안 된다. 좋은 말은 누구나 할 수 있고, 좋은 용어를 선택해서 스피치할 수 있지만, 철학과 가치를 녹여내지 못하면 타인의 것을 전달하는 전달자가 될 뿐이다.

스팟(Spot)은 오염되지 않은 차별화된 발표를 하는 기술이다.

그들이 주어진 과제를 수행하고 있을 때, 스팟(Spot)의 의미를 명확하게 이해시킬 필요가 있었다.

“지금 하는 작업을 잠시 멈추십시오. 미션을 드리겠습니다. 미션 내용은 '네가 최고야.'라는 말을 문자로 받아야 하는 것으로 제한시간 2분 이내 답장을 받아야 하며, 조건은 상대에게 '네가 최고야.'라는 말을 남기면 안 된다는 내용으로 미션을 주었지만 제한 시간 내에 수행한 수강생은 없었다. 준비된 상품이 있었기에 미션의 의미에 답을 하는 수강생에게 선물을 주기 위해 질문을 했다. 수강생의 답은 '그들이 듣고자 하는 말을 해야 내가 듣고자 하는 말을 들을 수 있다.'고 말했다. 정답이었다. 상대가 듣고자 하는 말을 하는 것이 프레젠테이션이다. 이를 스팟(Spot)으로 설득시켜 나가는 것이다.

구조화 4 : 목차

저자가 책을 선택하는 방법은 3가지다.

첫 번째는 일반적인 것으로 신문, 광고 등에서 추천하는 책, 두 번째는 제목, 세 번째는 목차를 문장으로 연결해서 타이틀의 의미를 파악하는 것이다. 목차를 문장으로 연결하는 것은 어렵지만 좋은 책을 선택할 수 있는 기회가 된다. 그래서 세 번째 방법으로 책을 선택한다.

목차는 발표의 방향성을 잡아준다. 목차 구성의 고려 요소는 첫 번째는 시간이다. 발표 시간에 맞는 목차를 구성해야 한다. 발표 시간보다 자료가 많으면 낭비다. 청중들은 '발표 준비를 소홀히 했다.'는 생각을 한다. 훈련 부족으로 분량을 조절하지 못했다는 지적도 하는 것이다. 그렇기 때문에 발표 시간에 맞는 목차를 구성해야 한다.

두 번째는 스피치 습관이다. 본인의 스피치 태도에 따라 목차가 달라진다. 부연설명이 많은 스타일이면 목차를 줄이고 반대인 경우는 목차를 플러스해야 한다. 예를 들어 10분 발표를 위한 주제를 리더십으로 정했다면 관련성 있는 단어를 기록하고 한 문장으로 연결한다. 아래 박스와 같다.

리더십 : 극복, 협력, 문제 해결, 위기, 자신감, 스피치, 동기부여

리더십이란 위기 인식과 문제 해결을 팀원과의 노력과 협력으로 극복하여 자신감 있는 스피치로 동기부여 하는 것

목차의 구성은 리더십 정의에 있는 단어의 순서대로 구성하면 된다.

목차	
1. 위기	6. 스피치
2. 문제 해결	7. 동기부여
3. 협력	8. 결론
4. 극복	9. 영감(Inspire)
5. 자신감	

대부분의 발표자들은 목차를 가볍게 설명한다. 타인과 차별화된 목차 발표가 필요하다. 목차를 스토리로 연계해서 발표를 하면 플러스 효과가 있다. 이것이 스팟(Spot)이 될 수 있다. 참고로 Spot은 목차를 연결하며, 서론 이후의 내용을 전달하는 구조화의 한 부분이다.

구조화 5 : 서론

서론은 현재 상황과 문제 제기를 포함하는 구성으로 되어 있다. 현재 상황은 일반 현황으로 조직 현황, 조직도, 미션, 핵심 가치 등을 말할 수 있고, 아젠다(Agenda)를 띄우면서 문제 제기를 한다. 문제 제기라 하면 손익, 생산성, 위기감을 포함한 내용이다.

현재상황과 문제 제기는 순서 변경이 가능하다. 어순의 변화는 어감의 변화를 주지만 현재 상황과 문제 제기의 순서를 필요에 따라 변경해서 강조점의 변화를 줄 수 있다.

일반 현황을 먼저 언급할 경우에는 프레젠테이션 이유와 목적의 윤곽을 대략적으로 이해시킬 수 있지만 청중들의 관심을 끌기에는 약하다. 반면에 문제 제기를 먼저 언급하면 청중들에게 자극을 줄 수 있지만, 경청의 준비가 되어 있지 않은 상황에서는 의아해할 수 있기에 강의 환경을 잘 판단해야 한다.

일반 현황	문제 제기
회사 연혁	문제를 끌고 오기 위한 스토리
핵심 가치 / 미션	문제가 무엇인가
인재상	문제에 따른 현실
조직도	대처에 대한 문제
편성	해결책이 없는 이유
문제 제기	우리의 태도

서론 제작 시 모든 주제를 담을 필요는 없다. 발표에 필요한 내용만으로 제작하면 된다. 일반 현황 제작은 틀을 만들어 숫자를 기입하는 방법과 큰 숫자를 부각하고 차트로 제작하여 시각화 시키는 방법이 있다. 그리고 일반 현황에서 문제 제기로 전환할 수도 있다.

조직 현황을 예로 들면 다음과 같다.

구분	사무직	엔지니어
남	55	50
여	50	25
합	105	75

위와 같은 방법으로 정보를 제공할 수 있다. 하지만 고민이 없는 자료다. 청중들이 듣고자 하는 포인트를 찾아 제공하는 해야 한다. 사무직 현황을 '남과 여'로 구분해서 제공하는 것이 효과적이라고 판단이 되면 아래와 같이 제작하면 된다.

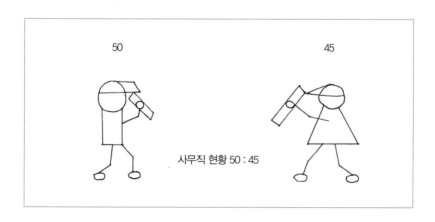

발표자가 청중들을 파악하고 있다면 내용을 함축해서 제공하면 된다. 시각화 자료에는 많은 의미와 스토리가 담겨 있기에 청중들이 듣고자 하는 스토리를 찾아 설득력 있는 스피치를 할 수 있다.

관심 19 발표자들 중에는 내용 전달의 편의를 위해 텍스트를 많이 사용하는 경우도 있다. 보고 읽는 것은 누구나 할 수 있다. 발표자는 청중의 눈을 보고 말해야 하며 경청 정도와 수용 태도에 따라 전달 방법에 변화를 주어야 한다. 따라서 텍스트를 많이 사용하는 것보다 시각화 자료를 통해 메시지를 전달하는 것이 집중도를 높일 수 있다.

위의 시각화 자료는 여성 엔지니어의 비중이 낮은 이유에 대해 문제 제기를 하는 것이다. 서론은 앞서 언급한 것처럼 모든 주제를 전달하려 해서는 안 된다. 핵심 포인트 전달과 쌍방향 커뮤니케이션으로 청중이 참여할 수 있는 서론으로 만들어 가야 한다.

구조화 6 : 하이-포인트(Hi-point)

하이-포인트(Hi-point)는 본론을 연결하는 구조화로 통계 자료 및 다양한 정보를 제공한다. 서론의 관심을 끌어올리고 증거가 있는 정보를 제공하는 것이다.

통계 자료는 본론의 내용을 뒷받침하고, 청중들이 관심을 가질 수 있는 자료를 활용하면 된다.

아래와 같은 리더십 만족도 설문 결과가 있다. 아래 자료처럼 보고서를 만들어도 무리가 없다. 하지만 프레젠테이션 발표를 아래 자료처럼 한다면 효과가 없다.

매우 만족	만족	보통	불만족	매우 불만족
55	44	12	1	1

그리고 차트로 만드는 것이다. 시각적 효과와 전달력을 높이는 방법이 될 수 있다. 그래프의 색깔과 차트 종류에 따라 메시지 효과도 달라질 수 있다.

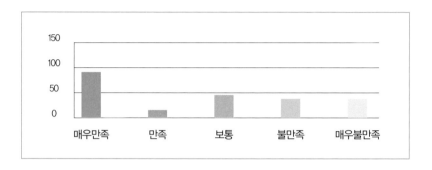

차트는 전달하는 주제와 형태에 따라 선택하면 된다. 그리고 발표자 자신만의 차트를 만들어 사용하는 방법도 고려해 볼 만하다. 아래 자료는 인터넷 포털 사이트에서 흔히 볼 수 있는 만족도 데이터 자료다.

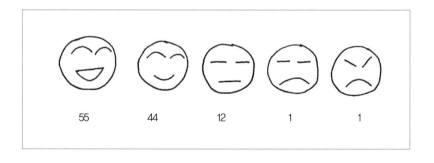

청중은 기대하는 것이 없으면 경청과 집중력은 떨어진다.
데이터를 하이-포인트(Hi-point)로 제작을 하면 관심을 끌 수 있다.

데이터를 지식과 지혜를 얻을 수 있는 정보와 연계하여 청중에게 기대감을 주어야 한다.

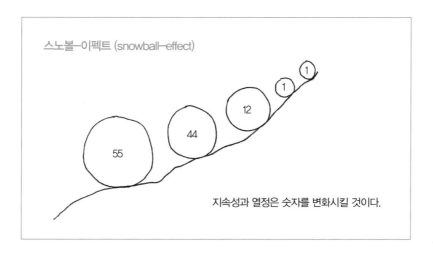

위의 자료는 스노볼-이펙트(Snowball-effect)라는 내용을 인용해서 데이터를 설명하고, 브릿지(Bridge)를 이용해 메시지를 전달하고 있다. 스토리로 전달되는 자료는 정보 제공과 메시지 전달에 효과가 있다. 위의 시각화 자료는 "작은 울림이 큰 울림이 될 수 있기에 작은 부분까지도 관심을 기울여야 한다."는 의미가 있다.

다음 시각화 자료 (A)는 '리더는 모든 만족과 불만족을 안고 리드하는 사람이다.'라고 메시지를 전할 수 있다. 발표자의 의도에 따라 시각화 자료와 스토리에 변화를 주면 된다.

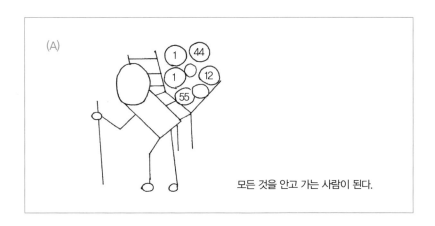

모든 것을 안고 가는 사람이 된다.

또는 (A)는 조직에는 쓸모없는 사람은 없다, 그들을 팀워크, 협업, 협력을 통해 하나로 묶을 수 있는 것은 리더의 중요한 덕목임을 강조하는 스토리로 전달될 수 있다.

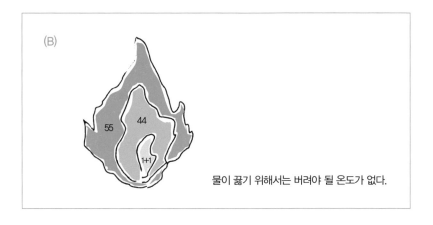

물이 끓기 위해서는 버려야 될 온도가 없다.

(B)는 '큰 불은 작은 불씨에 의해 일어나는 것이기에 꺼지지 않게 관리를 해야 한다.'는 의미를 담고 있다.

구조화 프레젠테이션 하라

결론적으로 스노볼—이펙트(Snowball—effect)는 스토리가 있는 내용으로 제작되고 표현이 되어야 한다.

구조화 7 : 본론

본론은 현재 진행되고 있는 업무를 설명하는 부분이다.

본론은 실행이 어떻게 진행되고 있는지 가감 없는 내용을 제작하는 것
이다. 프레젠테이션 경연대회에서 아주 우수한 성적을 거둔 분의 스토리
를 소개한다.

'본인 외에는 경연대회에 참가할 사람이 없다.'고 하며 도움을 요청했다. 그는 직무에 대한 부분을 프레젠테이션을 해야 한다고 했다. 업무 자료를 공유하면서 '차별화된 업무를 발표하는 것이 좋을 것 같다고 말했고, 중요 업무 몇 개를 선정했다. 교안을 만들어야 한다는 조건이 있었기에 자료를 정리하고 교안 제작과 발표 훈련을 하기에는 시간이 촉박했다.

시간 계획을 공유하고 우선순위를 정했다. 제목을 정하고 목차를 만드는 부분까지는 어렵지 않게 속도를 낼 수 있었다. 하지만 본론을 평범한 내용으로 제작을 하려 했다. 지금까지는 차별화된 내용으로 준비했는데 본론에서 일반화하면 안 되는 이유를 설명했고, '아이디어 마라톤'을 하면서 관련성 있는 단어들을 선택하여 본론으로 구성했다. 그리고 선택된 아이디어를 어떻게 시각화시킬 것인가를 고민했고, 자료를 다음과 같이 제작했다.

(A) 1, 2, 3등이 뛰는 이유와 4등이 뛰지 않는 이유가 있다

1등

2등

3등

4등

(A)는 방향성 문제와 실행력에 대한 문제점을 제기하고 있다. 우선순위를 정하지 못해 성과를 창출하지 못한 문제와 개인별 업무 효율성의 차이와 업무역량 강화의 필요성을 언급하고 있는 내용으로 서론에 어울리는 부분이라 보완이 필요했다.

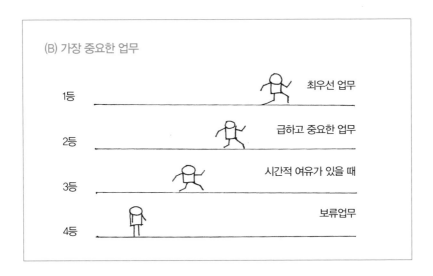

(B)처럼 서론의 내용을 본론의 형태로 보완을 하면서 의도, 주제, 목적 그리고 흐름이 맞는지에 대한 검토와 업무 분류에 대한 내용을 첨부하기로 했다. 발표 주제에 최적화시키면서 제작을 완료했고, 경연대회에서 만족한 결과를 얻을 수 있었다. 참고로 (A) 질문에 대한 답은 동서남북 어디로 뛰어야 할지 모르기 때문에 뛰지 않는 이유다. 지도의 방위각 4를 이해하면 된다.

본론은 자신이 하는 업무를 언급하는 것이기에 평범하게 제작하며 고민을 하지 않는다. 다만, 평범한 발표에는 청중들은 반응하지 않는다는 사실을 알아야 한다.

관심 20 본론에서 청중들의 집중도를 높이는 방법으로 첫 번째는 구성의 차별화, 두 번째는 핵심 문제 해결, 세 번째는 시각화다.

첫 번째, 본론 구성을 차별화된 자료로 제작하려면 일상적인 내용을 특별하게 만들어야 한다. 예를 들면 민원실에 근무하는 공무원이 있다고 치자. 당사자 본인의 임무는 민원인의 말을 들어주고 고충해결을 하는 것이다. 그렇다면 본론을 어떻게 제작하는 것이 좋을까?

(A) 일반적 PPT 사례

민원업무

– 민원인의 고충을 충분히 경청
– 민원인의 문제를 해결
– 민원인의 문제를 해결하지 못할 경우 관련기관 소개
– 민원인에 대한 친절 서비스
– 민원인의 행정절차 간소화 / 최고의 서비스 제공

(A)자료는 업무 내용을 서술하고 행정용어로 민원업무를 소개할 수 있다. 하지만 약점이 부각된다. 구성과 핵심 단어 그리고 디자인이 없다.

반면에 (B) 자료처럼 내용을 함축적으로 제작하면 텍스트를 최소화하고 두 번째, 핵심 문제 해결과 세 번째, 시각화의 효과를 얻을 수 있다.

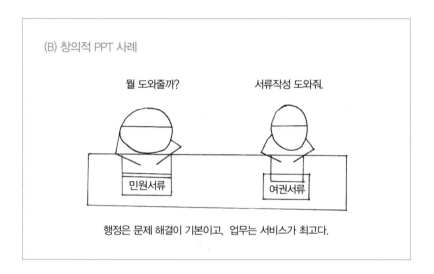

서술형 행정용어를 청중의 입장에서 시각화시켜 업무 내용을 전달할 수 있다. 모든 자료는 상대방의 입장에서 제작해서 서로를 이해하는 계기가 되어야 한다.

모 학교에서 프레젠테이션 강의를 할 때였다. 본론으로 다음과 같은 자료를 보여주고, 수리를 마친 컴퓨터가 커피에게 한 말에 대해 답을 찾는 미션이었다.

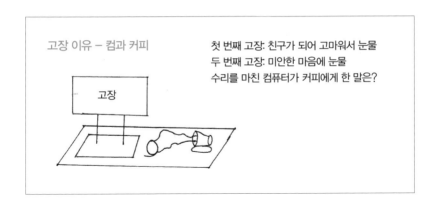

고장 이유 – 컴과 커피

고장

첫 번째 고장: 친구가 되어 고마워서 눈물
두 번째 고장: 미안한 마음에 눈물
수리를 마친 컴퓨터가 커피에게 한 말은?

학생들은 '정말 미안해', '괜찮아?' 등 답변을 했지만 정답은 없었다.

'너 누구야?'라는 말이 정답이라고 하니 학생들은 말도 아니라고 한다. 그래서 '내장이 다 바뀌었다.'라고 하니 컴퓨터에 관심이 있었던 학생들은 '내장'의 의미를 이해하고 웃었다. 단어 선택과 의미는 청중 모두를 만족시키지 못하더라도 상대방의 입장에서 선택해야 한다.

위 사례는 인간관계를 주제로 프레젠테이션 할 때 사용하는 자료다. 학생들의 관심도를 높이기 위해 사물을 의인화하는 기법을 적용하여 예상되는 질문을 유도했다. 결과적으로 지루해할 수 있었던 본론의 내용을 그들의 눈높이에서 진행할 수 있었고, 인간관계에 대해 자신들만의 원칙을 만들어 발표하는 시간을 만들 수 있었다.

본론은 직접적인 실행을 소개하고, 업무의 내용을 함축하여 제작해야 하며, 청중들을 집중할 수 있도록 유도해야 한다.

구조화 8 : 와우-포인트(Wow-point)

와우(Wow)는 의성어이다. 감탄사라고 해도 좋다. 결론을 유도하는 구조화다. 본론에서 경청을 유지할 수 있었다면 클라이맥스에서는 이벤트가 필요하다. 이 부분을 와우−포인트(Wow−point)라고 한다. 청중들에게 감동을 주며 브릿지(Bridge)를 통해 결론을 유도하는 스킬이다.

와우−포인트(Wow−point)를 제작하기 위해서는 2가지를 고려해야 한다. 첫 번째는 사실적 표현과 두 번째는 감동적 표현이다.

첫 번째 사실적 표현은 스토리가 있어야 한다. 언제, 어디서, 어떻게 그리고 결론의 내용을 시각화 자료로 제작해야 한다. 참고로 우리는 삶을 살아가며 '희로애락'을 경험한다. 이를 스토리로 가감 없이 담아내는 것이 사실적 표현이다.

프레젠테이션 과정을 진행하면서 자신의 삶을 한 장의 시각화 자료로 제작하는 미션을 준 적이 있다. 삶을 한마디로 표현하는 것은 누구에게나 어렵다. 수강생 중 한 명은 '봉사하는 삶'을 표현하는 것이 어렵다며 도와 달라고 했다. 그를 위해 아래 시각화 자료를 제작했고, 의미를 전달했다.

돈을 태우면 가치는 사라지지만 태우면 태울수록 활활 타오르는 것이 이타적인 삶이다.

그리고 시연(Demonstration)으로 메시지를 전했다. 종이컵에 물을 준비하고 라이터와 돈 모양을 준비해서 불로 태우는 시연(Demonstration)으로 자료를 설명했다. 수강생들은 어리둥절했지만, 와우-포인트 (Wow-point)의 극적인 효과를 창출할 수 있었다.

시각화 자료 제작은 어렵지 않다. '편안하고 쉽게 만들려 하기 때문에 어려운 것이다. 진심으로 내용을 전달하고자 한다면 간절함이 있어야 한다.'고 마무리를 하던 찰나 '간절함은 어떻게 제작할 수 있어요?'라는 질문을 받았다. 괜히 골탕 먹이려는 질문이다. 시험에 들지 않는 것이 좋지만 상황이 벌어진다면 회피해서도 안 된다. 최대한 실력을 보여 줘야 했다.

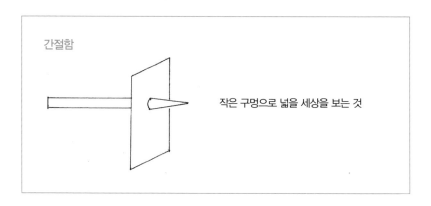

그래서 위와 같이 시각화 자료를 제공하고 시연(Demonstration)을 했다. 종이를 펼치고 볼펜으로 구멍을 내고 '작은 구멍으로 넓은 세상을 보려는 것이 간절함이다.'라고 말했다. 골탕을 먹이려 했던 질문자는 더 이상 말이 없었다.

전체 주제를 한 장의 자료로 표현하는 것은 어려울 수 있지만 기재사용과 의미 부여를 하면 해결할 수 있다.

두 번째, 감동적 표현이다. 울림을 통해 청중들에게 감동을 주어야 한다. 감동은 공감과는 다르다. 감동은 투지, 성취, 극복 등의 단어로 존재한다. 다시 말하면 생동감 있는 스토리다. 긍정적 스토리로 구성해야 하

며 의인화시켜 의미를 부여하는 것도 생각할 수도 있다

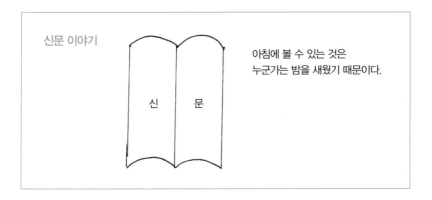

신문 이야기

신 문

아침에 볼 수 있는 것은
누군가는 밤을 새웠기 때문이다.

위의 자료가 내포하고 있는 뜻은 '성취는 개인의 것이 아니라 함께하는 것이다.'라는 것을 신문이라는 기재를 응용해서 제작했다. 신문은 많은 기자들의 기사 조합으로 만들어진다. 그래서 팀이라는 의미를 부여할 수 있다. 개인은 특종으로 인정받고, 지지받을 수 있지만, 팀이 이룩한 성취에는 비할 바 안 된다.

결론적으로 해결안 강조를 위해 필요한 와우—포인트(Wow—point)라는 것은 무대의 클라이맥스라고 생각하면 된다.

구조화 9 : 아-하 포인트(A-Ha point)

아-하 포인트(A-Ha point)는 달성 가능한 시스템을 어떻게 구축할 것인가에 대해 말하는 것이며, 효율성, 성과, 업무시스템의 변화를 말하는 것이다.

아-하 포인트(A-Ha point)는 무릎을 치게 만드는 의성어다. 생각지도 못한 방법을 제공함으로써 발표 성과를 기대할 수 있게 한다. 스티브 잡스는 '맥북'을 소개할 때 서류봉투에서 꺼내 보였다. 그가 전달하고자 하는 메시지는 얇고 휴대가 간편하다는 것을 해결안으로 제시하며 청중들에게 감동을 주었다. 감탄을 쏟아낼 수 있는 아이디어를 제공한 것이다.

최근에는 행정서류를 온라인으로 대부분 발급 받을 수 있다. 물론 행정기관에 가서 발급받아야 하는 서류도 있다. 번호표를 발급받고 대기해야만 행정서비스를 제공받을 수 있다. 이런 시스템을 서비스라고 생각하지 않는다. 그런데 드라이브 스루(Drive-through)로 서류를 발급받을 수 있는 시스템을 도입한 지방자치단체가 있다. 이것이 아-하 포인트(A-Ha point)이며, 문제를 발굴하면 해결안을 제시할 수 있다.

모 기관에서 문제 해결 과정을 진행할 때였다. 그들은 모든 문제는 타인에게 있고, '법적인 제제를 강화하면 해결할 수 있다.'는 생각을 가지고 있었다. 그래서 '상대방의 입장에서 생각해 보면 어떨까요?'라는 물음을 던졌고, 상대방의 시각에서 문제 해결을 요구했다. 지금까지 그들의 해결방법은 법적인 제제를 강화하는 것이었다. 쉬운 방법이었고 성과 창출을 하는 방법으로 효과가 있었기 때문이다. 하지만 제제는 서비스가 아니다. 그들은 자신의 본분을 잃어버리고 쉽게 업무를 처리하려 했다. 강력한 제제만을 생각했던 것이다. 그들에게 시각적 의미를 담은 자료를 제작해서 다음과 같이 보여주었다.

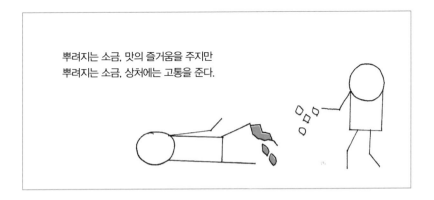

뿌려지는 소금, 맛의 즐거움을 주지만
뿌려지는 소금, 상처에는 고통을 준다.

'누군가에게는 혜택이 되지만 또 다른 누군가에게는 아픔이 된다.'는 의미로 '역지사지'의 입장을 담았다. 그들에게 '시민들이 바라는 것은 통제 시스템이 아니라 지원받는 시스템이며. 제재를 받는 것이 아니라, 행정서비스를 받기를 바란다. 문제 해결을 위해서는 상대방의 입장에서 생각해야 합니다.'라고 자료를 설명했고, 그들이 시민의 입장에서 문제를 해결하는 방안을 찾는 노력을 할 수 있게 스스로 제제의 대상이 될 수 있다는 사실을 인지시킬 필요가 있었다.

아-하 포인트(A-Ha point)는 타인의 입장에서 접근하면 된다. 참고로 가전제품, 교육, 생활용품 등 모든 기재들은 소비자의 입장에서 제품이 생산되고 마케팅을 통해 소비자의 구매 욕구를 높여 수익을 창출한다. 광고는 제품의 편리함과 소비자의 삶에 높은 가치를 관련지어 차별화된 삶을 살 수 있다고 구매의 필요성을 자극한다. 소비자의 필요(Needs)를 파악한 최고의 아이디어 상품이 되어 기업의 생산성을 높이는 해결안이 되는 것이다.

대학생 프레젠테이션 과정을 진행할 때였다. 이들은 아-하 포인트(A-Ha point)를 짧은 텍스트로 제작하려 했다. 많은 시간 학습한 내용이 아까울 정도였다. '지금까지 구조화를 잘 적용했는데, 마지막까지 최선을 다해야 하는데,'라는 아쉬움이 밀려왔다. 실망은 했지만 그들이 자료의 문제점을 발견하고 스스로 해결하길 바라는 마음으로 한 장의 시각화 자료를 제시했다.

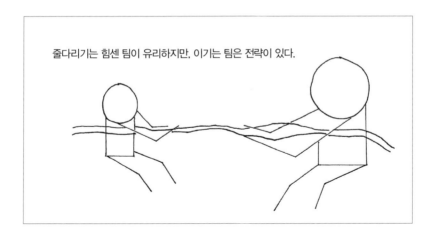

줄다리기는 힘센 팀이 유리하지만, 이기는 팀은 전략이 있다.

"줄다리기는 힘센 사람들이 모여 있는 팀이 유리하다고 판단합니다. 하지만 힘을 합치지 못하면 전략이 있는 팀에게 패할 경우도 있습니다." 라고 설명하며 아래 표를 보여주며 선택하게 했다.

구분	과정이 좋다	과정이 나쁘다
결과가 좋다	(1) 성취감, 만족감	(2) 운이 좋았다
결과가 좋지 못하다	(3) 불행 및 실망	(4) 당연한 결과다

그들은 당연히 (1)항을 선택했다. "과정도 좋지 못하고 결론도 좋지 못하면 당연하다고 하고, 결과가 좋다면 운이 좋았다고 할 것이고, 반면 과정도 좋고, 결과가 좋으면 성취감과 자부심을 느낄 것이고, 반면에 결론이 좋지 못하면 실망할 것입니다. 지금까지 과정은 정말 좋았습니다. 결

론까지 좋은 결과가 예측이 되었는데 지금 보여주려는 내용은 어떻습니까? 실망할 것입니까? 끝날 때까지 최선을 다해야 합니다. 앞서 말했듯이 프레젠테이션은 처음과 끝이 있는 종합예술이기에 마음을 놓으면 안 됩니다.'라고 말하고 끝까지 최선을 다하기를 당부했고, 그들은 움직였다.

아-하 포인트(A-Ha point)는 최선의 대안을 찾는 것이다.

학생회 간부들을 대상으로 리더십 강의를 진행할 때였다. 결론을 어떻게 정의하고 도출할 것인지 고민하고 있을 때, 화이트보드에 '일반적 단어의 연결로 도출한 결론은 울림을 주지 못한다.'라고 크게 적었다

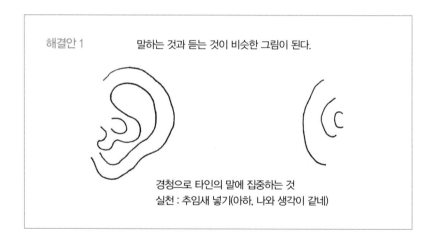

해결안 1   말하는 것과 듣는 것이 비슷한 그림이 된다.

경청으로 타인의 말에 집중하는 것
실천 : 추임새 넣기(아하, 나와 생각이 같네)

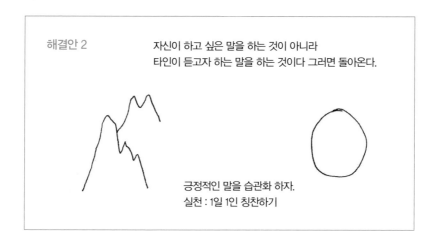

해결안 2   자신이 하고 싶은 말을 하는 것이 아니라
            타인이 듣고자 하는 말을 하는 것이다 그러면 돌아온다.

            긍정적인 말을 습관화 하자.
            실천 : 1일 1인 칭찬하기

관심 21 아–하 포인트(A-Ha point)는 문제 해결이며 실행이다. 측정 가능한 실행계획과 검증과정이 병행이 되며 해결안이 있는 아–하 포인트(A-Ha point)는 프레젠테이션의 완성도를 높인다.

추가적으로 주어진 의미를 확대해서 아–하 포인트(A-Ha point)를 제작할 수 있다.

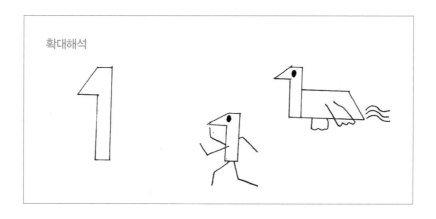

확대해석

위의 자료는 1이라는 기재를 이용해서 의미를 찾는 미션을 부여한 것이다.

시각화된 기재에는 하나의 의미만이 있는 것이 아니고 확대 해석을 해야 한다. 일반적인 것으로 부터 벗어나야 한다. 그러면 아—하 포인트(A-Ha point) 의미를 보여줄 수 있다.

구조화 10 : 영감(Inspire)

영감(Inspire)은 청중들에게 참가의미를 높이고 가치를 부여하는 것이다. 나와 네가 아닌 우리가 함께 해야 할 의미를 제공하고 관련성 있는 스토리, 인용, 비유 그리고 시연(Demonstration)으로 전달하는 것이다.

실천과 결과의 중요성을 인식시켜야 하며 공동의 성과를 창출할 수 있도록 동기부여를 해야 한다. 사람들은 설득당하는 것을 거부한다. 그렇기 때문에 설득을 시도하는 것보다 '우리'의 의미를 부여하는 것이 좋다.

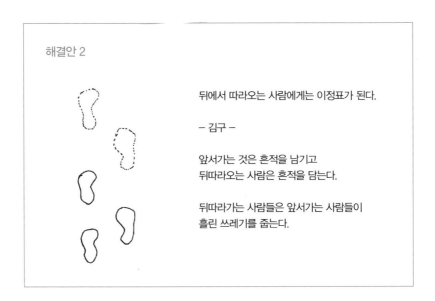

해결안 2

뒤에서 따라오는 사람에게는 이정표가 된다.

– 김구 –

앞서가는 것은 흔적을 남기고
뒤따라오는 사람은 흔적을 담는다.

뒤따라가는 사람들은 앞서가는 사람들이
흘린 쓰레기를 줍는다.

위의 자료는 김구 선생님의 말을 인용했다. 좋은 말로 메시지를 전달할 수 있다. 다만 청중들은 '결국은 그 말하려고 했구나.' 하며 마지막 메시지를 아쉬워한다.

모 기관에서 강의를 할 때였다. 영감(Inspire)을 명언으로 제작하여 발표를 했다. (명언의 대전제는 자신이 경험한 부분을 타인에게 짧고 의미 있는 메시지를 전하는 것이다.)

(A)자료는 안중근 의사의 말을 인용해서 제작을 했다. 책과 광고 등을 통해서도 들었던 말이기에 영감(Inspire)의 효과는 떨어진다.

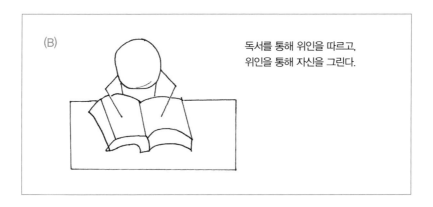

(B)자료는 똑같은 그림을 두고 내용을 다르게 할 수 있다. '자신의 정체성을 찾는 노력이 필요하다.'는 의미다.

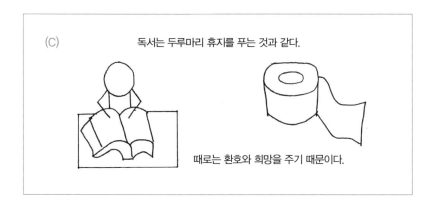

(C) 독서는 두루마리 휴지를 푸는 것과 같다.

때로는 환호와 희망을 주기 때문이다.

　마지막으로 (C)자료는 축구경기에서 승리한 팀들이 두루마리 휴지를 던지는 장면을 연상하며 제작되었고, 독서의 장점을 말하고 있다. 독서의 효과는 '지식과 지혜가 누적되어 있다가 펼쳐지는 것과 같다.'는 메시지다. 처음 (A)자료의 안중근 의사의 명언을 생각 전환과 확장을 통해 새로운 의미로 표현한 것이다.

　결론적으로 영감(Inspire)는 청중들에게 영감을 주고 그들이 행동할 수 있도록 동기를 부여하는 것이다.

　프레젠테이션 구조화를 지금까지 설명했다. 다음 표를 통해 구조화를 학습해 간다면 원하는 결과를 얻을 수 있다.

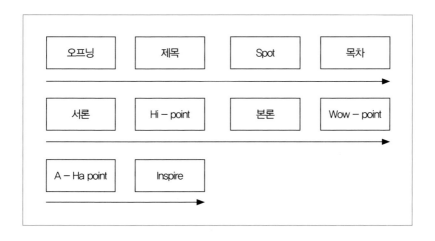

THE

BEST

PRESEN

TATION

IV. 프레젠테이션 스킬

목마름을

음료로 해결하듯

신선한 아이디어를

제공하는 것이다

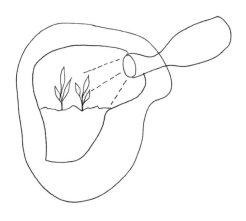

프레젠테이션을

자신이

원하는 방향으로

이끌고 가는 힘

스킬은 구조화의 필요충분조건이다

프레젠테이션 스킬 1 : 브릿지(Bridge) 스킬

프레젠테이션 스토리의 연결성 위해 필요한 것이 브릿지(Bridge)며, 스토리 전개의 유연성을 높일 수 있다.

브릿지(Bridge) 스킬은 첫 번째, 기재와 기재의 연결, 두 번째, 스토리와 스토리의 연결, 세 번째, 기재와 스토리의 연결로 프레젠테이션의 흐름을 원활하게 유지할 수 있다. 아래는 2개의 기재가 있는 자료다.

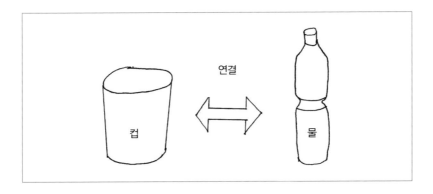

두 기재는 연관성이 있기에 브릿지(Bridge)를 쉽게 할 수 있다. '컵은 물을 담는다.'며 두 기재를 연결하여 문장으로 만들 수 있고 '물을 컵에 담는다.'고 어순을 바꾸어서도 만들 수 있다. 평범한 연관성은 청중들에게 감동을 주지 못한다. 두 기재를 특별함으로 바꿔야 한다. 그렇게 하기 위해 단어를 분석하고 분류해야 한다.

먼저 컵을 분석해보면(Ⅰ에서 언급되었던 사전적 의미, 연관된 의미, 시각적 의미를 생각하면 된다.) 기재에 하나의 의미만을 부여하는 경우는 거의 없다. 관련성 있는 단어들을 찾는 것이 중요하며, 다음과 같이 분류할 수 있다.

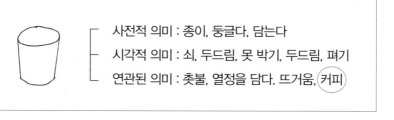

사전적 의미 : 종이, 둥글다, 담는다
시각적 의미 : 쇠, 두드림, 못 박기, 두드림, 펴기
연관된 의미 : 촛불, 열정을 담다. 뜨거움, (커피)

컵에 대한 의미를 확장을 하면 위와 같은 단어들로 나열할 수 있고,

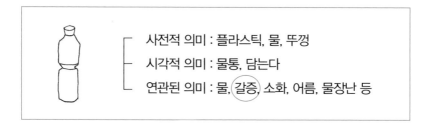

사전적 의미 : 플라스틱, 물, 뚜껑
시각적 의미 : 물통, 담는다
연관된 의미 : 물, (갈증,) 소화, 어름, 물장난 등

페트병에 대한 의미도 위의 내용처럼 정리할 수 있다.

두 단어를 위와 같이 분류를 하고 ◯ 단어를 문장으로 연결하면 된다. 주제어가 '리더십'이라면 '커피의 향기처럼 달콤하고, 목마른 사람의 갈증을 해결할 수 있는 능력'이라고 하는 것이 틀린 스토리는 아니다. 왜냐하면 각자의 생각과 가치가 다르기 때문이다. '성과에 갈증 난 팀원, 한 잔의 커피로 관리하는 능력'으로 리더십에 대한 정의도 내릴 수 있다. 이를 시각화시키는 것이 프레젠테이션 디자인이다. 디자인에 대한 부분은 책 중간 중간 언급이 되었지만 후반부에 집중적으로 언급하겠다.

분류한 단어들로부터 의미를 찾고, 연결하여 시각화시켜야 한다. 그리고 발표자의 의지와 가치 그리고 철학을 시각적 의미로 표현해야 한다.

오래 전에 비즈니스를 할 때였다. 상대방은 자신의 생각을 주장하면서 다른 사람의 말을 듣지 않으려 했다. 벽을 보고 말하는 느낌을 받았고 더 이상 대화 진행이 어려웠다. 자리에서 일어서려 할 때, 실수로 커피를 쏟아 상대의 와이셔츠에 묻게 되었다.

"미안합니다. 세탁 비용을 드리겠습니다." 하고 1만 원을 드렸다. 그러나 이렇게 끝나면 아쉬움이 남을 것 같았다.

"오늘 이 자리가 많이 아쉽지만, 제가 드린 말씀이 선생님의 와이셔츠에 남아 있는 커피 향처럼 남아 있었으면 좋겠습니다."라고 말했다.

며칠 후 상대방으로부터 오더를 받고, 성과를 창출할 수 있었다. 이후에 편안하게 대화를 할 기회가 있었다.

"제가 저지른 실수로 인해 기회가 없을 것으로 생각했습니다. 감사합니다."라고 말하자 "아니다, 나는 당신에게 감동 받았다. 그때 당신이 한 말이 계속 남아 있었다."고 했다. 자신도 인간관계를 맺고 있는 사람들에게 향기를 남기고 있는지 많은 생각을 하게 되었다고 했다.

"저의 향기가 계속 남아 있기를 바랍니다."
리더의 말에는 사람을 행동하게 하는 향기가 있다.

앞서 말한 사례를 위와 같은 시각화 자료로 제작할 수 있다. 사실에 옷을 입혀 포장을 하고 의미를 전달할 수 있다. 기재를 단순한 시각으로 보는 것보다 내포된 의미를 찾아내고 자신이 경험했던 스토리와 관련 지어 발표를 하면 된다.

두 번째는, 스토리와 스토리의 브릿지(Bridge, 연결)를 통해 의미 확장을 하는 방법이다.

스토리 : 심청전	스토리 : 흥부전
단어찾기 : 심청이, 심봉사, 뺑덕어미, 공양미, 인당수, 용왕, (연꽃), 다시 찾은 눈	단어찾기 : 흥부, 부, 아이들, 쌀, 주걱, 제비, 박씨, 부자, 가난, 어려움, 끼니, 형제
의미 : 효녀, 나쁜 사람, 착함	의미 : 마음, 행복, 나눔(, 희망)

　　흥부전과 심청전은 '착하게 살면 행복이 온다.'라는 공통점이 있다. 누구나 알고 있는 상식적인 내용은 청중의 관심을 끌지 못한다. 그래서 스토리의 연관성을 찾아 창의적 내용으로 전달해야 한다.

　　◯ 단어를 선택하여 문장으로 연결하면 '맑지 않은 물에 피어나는 연꽃처럼, 어려움을 이겨내면 희망이 있다.'고 말할 수 있고 '환경을 극복하면 좋은 기회가 있다.'는 의미로 해석해서 차별화시킬 수 있고, 이를 아래 자료처럼 제작할 수 있다.

봄의 전령 매화는
추운 겨울 찬바람을 이겨내었기에 더욱 반가운 것이다.

마지막으로 기재와 스토리의 연결하면

기재 : 컵

연관된 의미 : 촛불, 열정을 담다, 뜨거움 커피

스토리 : 흥부전

단어찾기 : 흥부, 놀부, 아이들, 쌀, 주걱, 제비, 박씨, 부자, 가난, 어려움, 끼니, 형제

의미 : 마음, 행복, 나눔

마킹된 두 단어의 관련성은 없다. 하지만 두 단어를 연결해서 의미를 부여하면 된다. 정답이 있는 것이 아니기에 발표자는 내용에 확신을 가져도 된다. '촛불은 어둠을 극복하는 희망이고, 제비는 겨울을 이겨낸 봄이다.'라고 아래 자료처럼 시각화시켜 의미를 전달할 수 있다.

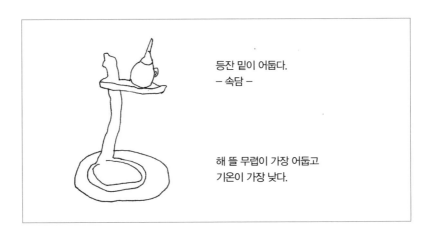

등잔 밑이 어둡다.
– 속담 –

해 뜰 무렵이 가장 어둡고
기온이 가장 낮다.

지금까지 브릿지(Bridge) 관련 3가지를 설명하였다. 브릿지(Bridge) 스킬은 프레젠테이션뿐만 아니라 토론대회에서도 적용할 수 있다. 갑작스런 질문에는 당황하게 된다. 이럴 경우 주변에 있는 기재들에 의미를 부여하여 응대할 수 있고, 역질문을 통해 토론의 주도권을 잡을 수 있다.

브릿지(Bridge)는 발표자가 사용하는 언어와 내용을 확장하여 상대를 설득하는 기술이다.

프레젠테이션 스킬 2 : 브릿지(Bridge) 스킬

아래 표를 이용해서 브릿지(Bridge)를 하면

구조화 프레젠테이션 하라

주제와 타이틀 그리고 스토리를 만들어 갈 수 있다. 예를 들면, 자기소개는 사전에 준비가 되어 있지 않으면 어렵다. 하지만 앞의 표를 이용하면 주제선정과 내용구성을 쉽게 할 수 있다.

◯ 단어를 선택하여 문장으로 연결하면 '나이가 들면서 시작한 취미활동은 자기계발의 초석이 되었다.'고 할 수 있고, 자신의 경험인 '취미활동'을 스토리로 전환해서 소개를 하면 된다. 앞의 표를 이용해 자서전까지도 제작이 가능하며, 취업준비생들이 자기소개서 항목을 어떤 내용을 채울 것인가에 대한 고민도 해결할 수 있다. 브릿지(Bridge)를 단순하게 연결하는 것으로 생각할 수 있지만 앞의 도표를 활용하면 무한 스토리를 만들 수 있다. 주제 선정을 위한 아이디어 폼도 될 수 있다. 다른 방법으로는 거미줄 기술법이 있다. 거미줄의 모양을 형상화한 폼으로 아이디어를 발굴하는 방법이다.

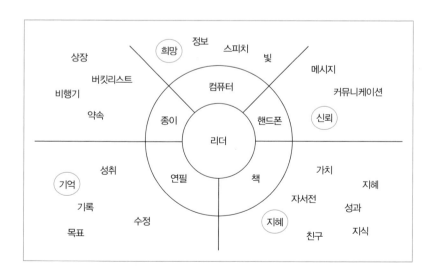

위의 거미줄 기술법을 통해서도 아이디어를 발굴하고 선명한 주제를 선정할 수 있다. 예를 들면, A = B and C = D 와 A = B but C = D 구조에서 ◯ 선택하고 '리더'를 주제어로 스토리를 정의할 수 있다. '리더는 지혜를 나누며 신뢰를 쌓고, 희망으로 기억되는 것'이라고 'and' 구조를 통해 말할 수 있고, '지혜는 신뢰를 낳지만, 막연한 희망은 아픈 기억으로 남는다.'라고 'but' 구조로 스토리를 만들 수 있다.

이를 아래 자료처럼 시각화시킬 수 있다.

and	but
돌탑을 쌓는 것처럼 우리는 희망을 쌓는다.	희망과 아픔은 찰나의 선택이다.

브릿지(Bridge)는 문장의 구조에 따라 의미와 스토리를 구성할 수 있다. 이를 응용하여 전달의 폭을 넓혀 의미 있는 내용을 청중들에게 전달하는 것이다.

이 외에도 브릿지(Bridge)를 사용하는 방법이 있다. 일반적으로 강의에 적용되고 있는 내용들이 있기에 다음 표로 소개만 한다.

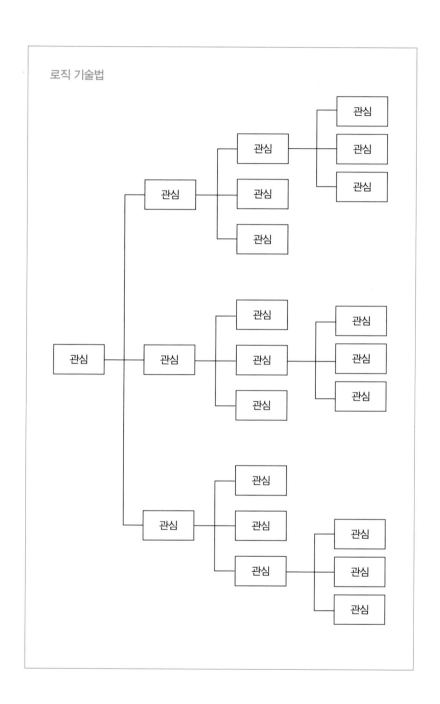

로직 기술법

분류법

대분류	중분류

소분류	세분류

위 분류표는 NCS 취업을 위한 분류표를 응용할 수 있다.

프레젠테이션 스킬 3 : 브릿지(Bridge) 스킬

모 기관에서 프레젠테이션 강의를 진행할 때 2가지 브릿지(Bridge)훈련을 진행을 했다. 첫 번째는, 숫자를 제시하고 스토리를 만드는 미션으로 주제어로 '서비스'를 제시했다.

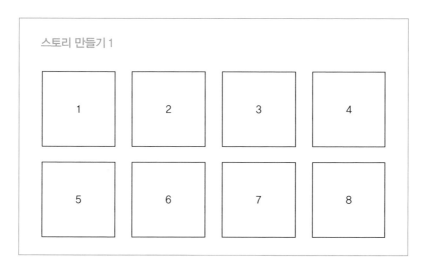

수강생들은 잠시 당황했지만 짧은 예시를 통해 제작하는 방법을 이해
시켰다.

예시

| 9 | 9 | 8 | 8 | 구십구세까지 팔팔하게 강의를 하다. |

그들은 '일(1)은 이미(2) 세 개(3)팀으로 구성이 되어 사적인(4) 일을 지
양하고 오전(5)에 업무 집중도를 높이고 있었고, 여섯(6)시간 열정을 다
한 결과 서비스 계획을 완성하고 일곱(7)명의 팀원들은 팔(8)과 어깨를
펴고 휴식시간을 가질 수 있었다.'는 내용으로 연결했다. 그리고 의미를
다음과 같은 시각화 자료로 만들었다.

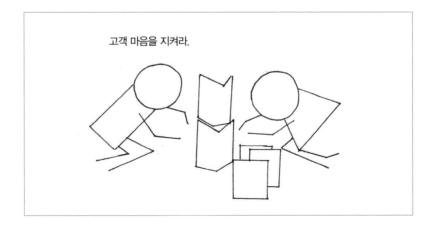

고객 마음을 지켜라.

'서비스는 무너지지 않는 탑을 쌓는 것처럼 해야 한다.'며 스토리를 전달했고, 서비스가 중요한 이유를 명확하게 설명했다.

두 번째는, 수강생들이 가지고 있는 소지품을 기재로 사용했다. 중복되지 않는

소지품을 미션에 적용했고 스토리 제작을 했다. 팀별 소지품 기재는 달랐지만 어감이 비슷한 내용으로 발표가 이루어졌다. 특히 기억나는 팀이 있었다. 그들은 기재 순서를 바꾸어 문장으로 만들었다.

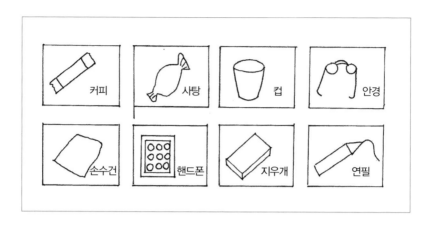

   '서비스는 (커피)의 향기처럼 (달콤)하며 그들의 마음을 (담고) (시각화) 시켜 불편함을 (제거)하여 (소문)으로 성과를 창출하여 (지워지지) 않는 (사례)로 기록에 남을 것이다.'며 의미를 아래와 같이 시각화 자료로 제작했다.

   문장을 시각화 자료로 제작하는 것은 경험을 접목해서 시각화하면 된다. 미흡한 부분은 짧은 텍스트로 전달하면 된다.

관심 22 브릿지(Bridge)는 스토리의 다양성을 높이고, 숨어 있는 속뜻을 찾아 응용함으로써 메시지의 전달력을 높인다.

강의 도중 수강생이 '프레젠테이션이 무엇인지에 대한 근본적인 질문을 했다.

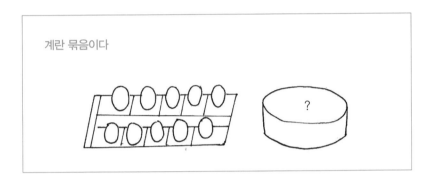

계란 묶음이다

'프레젠테이션은 계란이다.'는 A=B구조로 설명을 했다. '보이는 계란을 설명하는 것이 아니라, 계란을 통해 만들 수 있는 레시피를 제공하는 것이다.'고 의미를 전달했다. 예측 가능한 레시피는 흥미를 끌지 못하기에 새로운 레시피를 제공하며 관심을 가지게 하는 것과 같다.

관심 23 전달하고자 하는 스토리는 인용보다 경험, 복사보다 자체 제작, 일반적 단어보다 자신만의 언어로 무장하는 것이 프레젠테이션임을 생각해야 한다.

제1장

동기부여의 기술

좋은 권유에

실행으로

답하는 것이다

열정
실행
책임감

프레젠테이션은

궁극적인 목적과

목표는

우리들의 변화다

프레젠테이션은
동기부여를
부여하는 기술이다

동기부여의 기술

동기부여는 잠재력을 깨워 자발적으로 '할 수 있다'는 태도를 형성시키고 실행력을 높일 수 있게 하는 스피치다. 실행을 강제하면 성과를 창출할 수 있지만 성취감을 기대할 수 없다.

동기부여는 2가지가 있다. 첫 번째는, 자기-동기부여(Self-motivation), 두 번째는, 타인에 의한 동기부여라 할 수 있다. 자기주도로 성과를 높이는 것을 자기-동기부여(Self-motivation), 외부로부터 받는 이익을 타인에 의한 동기부여라 할 수 있다. 동기부여에 더해 개인의 높은 관심과 필요성 그리고 성과를 기대할 때, 실행이 동반된다.

동기부여는 이성적 판단과 감성적 판단이 실행력을 뒷받침한다.

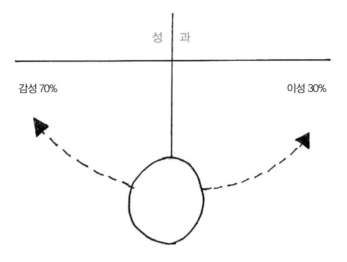

감정은 마음을 동요시키고, 이성은 성공가능성을 계산한다. 참고로 감성 100%는 가치 100%일 때 계산 없이 실행에 옮기는 것이고, 이성 100%는 개인의 성장과 수익이 100% 될 때 행동한다.

동기부여는 첫째, 가치 부여, 둘째, 용기 및 도전의식 부여, 셋째, 공감과 동감, 넷째, 자아실현으로 할 수 있다. 동기부여의 기본은 소통이며, 기대효과가 없으면 동기부여가 약해진다.

동기부여의 기술 1 : 자기-동기부여(Self-Moti vation)

첫 번째 동기부여의 기술은 자기-동기부여(Self-motivation)다. 스스로 리더가 되고자 하는 사람들의 태도로 첫 번째 자신감, 두 번째 자존감, 세 번째 자부심, 네 번째 자긍심을 꼽을 수 있다.

첫 번째, 자신감은 경험이 쌓아지며 만들어지는 것이다. 경험은 새로운 도전에 대한 두려움을 극복할 수 있는 계기가 될 수 있다. 번지점프를 멀리서 보면 높이와 낙하에 대한 두려움을 느끼지 않는다. 엘리베이터를 타면서 높이에 대한 두려움을 느끼기 시작하고, 발에 줄을 묶고 난간에 섰을 때 두려움이 배가 된다. 떨어지면 순간 정신을 잃고, 출렁거림에 깨어나서 번지 점프의 즐거움을 느끼며 재도전하는 태도를 보인다. 경험이 축적되어 자신감으로 표출이 되는 것이다.

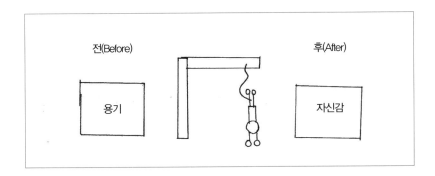

두 번째, 자존감(자아존중감)이다. '자신을 인정하는 사람은 타인을 인정할 수 있고, 자신을 사랑하는 사람은 타인을 사랑할 수 있다.'는 의미로 '함께 가치를 구현하고 성장하면서 만족감을 가질 때 자존감을 세울 수 있다.'라는 스토리로 아래와 같이 시각화 자료로 제작할 수 있다.

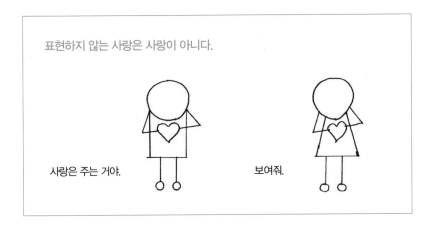

세 번째, 자부심이다. 타인으로부터 능력을 인정을 받는다. 과정과 성과를 긍정적 태도로 받아들이며 팀 속에서 좋은 영향력을 발휘하여 성과를 달성하고 참여를 통해 성취감을 느끼는 경우로 아래 시각화 자료는 자신의 능력을 발휘하여 성과를 얻는다는 의미다.

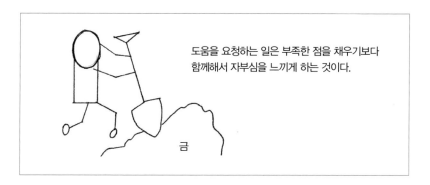

도움을 요청하는 일은 부족한 점을 채우기보다 함께해서 자부심을 느끼게 하는 것이다.

네 번째, 자긍심이다. 우리나라에 대한 위상이 높아질 때 대한민국 국민임을 자랑스럽게 느낀다. 이는 자신이 소속된 팀이 실패, 성공, 진행상황에 관계없이 함께 나누고 목표를 향해 달려가는 태도와 의지를 자랑스러워하는 것이며, 긍정적 태도를 가지는 마음이 자긍심이라고 한다. 다음 자료는 단체 속에서 자신의 존재감을 표현하고 있다.

받는 것이 상장이라면 펼치는 것은 자긍심이다.

나

상장

자기-동기부여(Self-motivation)는 리더의 덕목 중에 하나다. 리더는 무너지지 않는 마음과 긍정적 태도로 팀을 성장시켜야 한다. 리더는 고독하다고 한다. 그렇기 때문에 스스로 동기를 부여받아야 한다.

자기-동기부여(Self-motivation)의 다른 접근은 '가치'다. 가치 부여로 동기부여를 받는 것이다. 나누고, 희생하고, 배려하고자 하는 마음은 누구에게나 있다. 하지만 그것을 실행하는 것은 쉽지 않다. 실행력을 높이는 방법으로 롤 모델(Roll Model)을 선정하여 그가 살아온 과정에 대한 존경심을 가지고 그가 갔던 길을 따라가는 것이다.

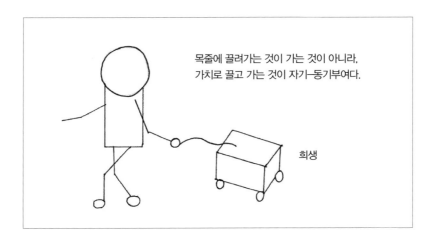

가치는 마음 속에 품고 있는 아름다움이 있다. 가치는 남들이 알아주지 않더라고 자신에게 만족하며, 자아실현의 동기를 부여받는다.

모 기관에서 과정을 진행할 때 '스타일 벗어나기'를 주제로 이야기를 나누었다. 그들은 프레임을 벗어나는 것을 어려워했고, 일부에게는 기존의 틀을 깨는 동기부여가 없으면 성과를 기대할 수 없었다.

"지금부터는 기존의 발표 방식을 탈피하는 스타일로 하겠습니다."

"무슨 말씀이세요?"

"구체적으로 말씀드리면 첫째, 텍스트를 최소화시키기, 둘째, 그림으로 묘사하기, 셋째, 시연(Demonstration)으로 의미 전달하기입니다."

"외워서 하는 것입니까? 시연(Demonstration)으로 할 필요가 있을까요?"라는 항의성 질문에 단호하게 말했다.

"프레젠테이션은 개인의 능력을 발휘하여 청중에게 보여는 주는 종합 예술이고, 그들을 배려해야 하기 때문입니다."

처음에는 설명을 해도 배우려 하지 않았고, 그들은 단지 프레젠테이션 디자인을 포함한 기술적인 부분만을 알고 싶어 했다. '그냥. 그대로. 변화 없이.' 한마디로 '변화가 필요가 없다.'라는 태도를 보였다.

그래서 첫 번째, '변화와 혁신'을 주제로 선정하여, 그들에게 과제로 인간관계 변화에 대한 필요성을 발표시켰다. 다음 자료처럼 '인간관계는 품는 마음이다.'라는 의미로 의인화시켜 시각화 자료를 보여주었다. 인간관계는 부족한 것을 서로 보완하여 새로운 가치를 만들어 가는 것임을 강조했다.

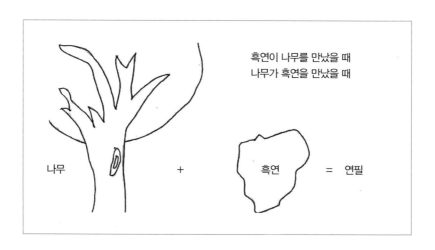

이에 그들은 '자신과 다른 누군가의 만남은 그냥 스쳐지나가는 사람이 아니라면 좋은 관계를 유지하기 위해 노력을 하는 것이 변화다.'라고 응대했다.

두 번째, '도전의 필요성'을 과제로 주었다.

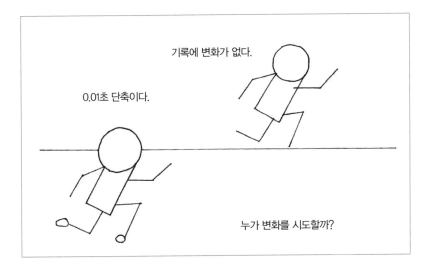

위의 시각화 자료를 보여주며 두 명의 달리기 선수 중 변화를 시도하는 선수는 누구인가에 대한 질문을 했다. 기록에 변화가 없는 선수가 변화를 시도할지 아니면 아주 작은 기록의 변화가 있는 선수가 변화를 시도할지를 물었다. 그들 중 다수는 후자를 선택했다. 이유는 노력하면 기록이 갱신될 수 있다는 기대감이 있기 때문이라 말했고, 전자를 선택한

소수는 '지금은 기록이 정체되어 있지만 언젠가는 기록갱신이 될 것이라는 믿음을 가지고 있기에 노력할 것이다.'라는 의미에 무게를 두었다.

그들은 '편안함은 경쟁과 부러움 그리고 갈망이라는 단어를 만나면 변화를 추구하게 된다. 보지 않고, 행하지 않고, 기대감이 없으면 변화의 필요성을 느끼지 못한다.'라는 의미로 발표를 했다. 그들이 생각하는 변화는 아래 자료로 제작되었다.

거울 속의 모습을 변화시켜라.

'자기 만족을 느끼기 위해 변화를 해야 한다는 것이다.'는 의미였고, 발표를 하면서 변화를 생각하는 마음을 가지게 되면서, 조금씩 자아실현을 위한 노력이 시작되었다.

관심 24 자기—동기부여(Self—motivation)는 가치를 구현하고 자아를 실현할 때 동기를 부여받는다. 자아실현의 욕구는 누구나 가지고 있는 욕심이다. 이 욕심을 구현하는 방법은 단 한 가지다. '실행'이라는 단어다. 더할 것도 뺄 것도 없다,

동기부여의 기술 2 : 타인에 의한 동기부여

두 번째는, 타인에 의한 동기부여다. '닮고 싶다.', '나도 너처럼' 상대를 뛰어넘는 모습이 그려질 때이다.

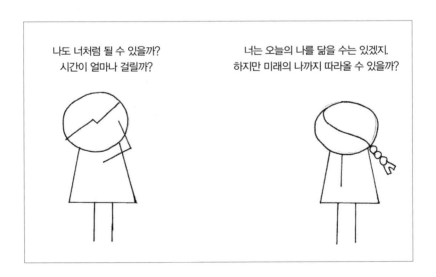

앞의 시각화 자료는 상대의 현재 위치만을 생각하고 노력해서는 안 된다는 의미이다. 상대는 수많은 시간과 훈련 그리고 성과를 창출했기에 현재의 위치에 있는 것이다. 상대와 똑같이 노력하면 그의 과거에는 도달할 수 있지만 상대를 넘어서지 못한다. 단지 '과거를 좇는 사람이 된다.'는 의미다.

그렇다면, 타인으로부터 받는 동기부여를 구체적으로 알아보면 첫 번째는 이익, 두 번째는 성장, 세 번째는 중요한 존재다.

첫째, 이익은 작은 의미로 인센티브이고, 타인으로부터 받는 보상이라고 할 수 있다. 개인목표 달성으로 땀과 노력 그리고 시간의 보상을 받는 것이다.

둘째, 성장은 리더로부터 훈련을 받으면서 성장하고 있다는 느낌을 받는 것이다.

마지막으로, 중요한 존재의 의미는 팀에서 인정을 받고 지지받는 것이다.

면접 훈련을 할 때 후보자에게 질문을 했다.

"본인이 개인적으로 중요한 약속이 있었는데 팀 미션이 부여되어 야간 근무를 해야 하는 상황이 발생했다. 어떻게 하겠습니까?"

후보자는 MZ세대답게 자신의 시간이 우선이라고 말했다. 당연하다. 업무시간 외의 시간은 그의 시간이다. 퇴근시간 이후 야간 근무를 강제

할 수 없을 뿐만 아니라 개인 약속이 먼저 확정되었기에 미루는 것은 어렵다는 것이다.

그렇다면 MZ세대인 '후보자를 팀에 참여시키는 방법이 있는가?'에 대한 답은 어떨까?

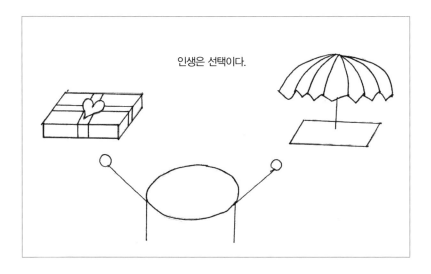

첫째, MZ세대 그들이 스스로 결심할 수 있는 상황과 정보를 제공해야 한다. 둘째, 소요시간. 업무의 중요성 그리고 당사자가 업무에 차지하는 비중을 알려야 한다. 셋째, 명확한 이익을 설명해야 한다. 금전적인 혜택도 중요하지만 시간에 대한 보상을 해줘야 한다. 이런 과정 속에서 공정함을 유지하고 존재가치를 인정해야 한다.

관심 25 지금까지 동기부여에 대해 알아보았다. 불투명한 메시지는 지키지 못할 약속을 하는 것이기에 주의해야 한다. 따라서 존재감을 부각시키고 선명한 메시지를 통해 동기부여를 하면 된다.

제2장

시연(Demonstration) 기술

기억에

자국을 남기고

믿음에

Story를 남긴다

감동

비전

기재를

사용으로

극적으로

전달하는 방법

극적 효과를 높여라

시연(Demonstration) 기술

　시연(Demonstration) 기술은 극적인 표현으로 프레젠테이션의 효과를 높이는 연출된 행동이다. 앞서 프레젠테이션 구조화를 통해 잠시 언급이 되었지만 다양한 스킬이 필요하다.

　오래전 비즈니스할 때였다. 장미꽃 한 송이로 비스니스를 성공했던 경험이 있다. '장미가 세상에서 가장 아름다운 꽃인 줄 알았는데 오늘은 아닌 것 같다'는 말로 장미꽃 한 송이를 선물로 주었다. 오글거렸지만 상대의 마음을 움직였다. '상대는 예상은 했지만 직접 듣는 것은 처음이었다.'고 했다. 스피치에는 자신감이 있어야 한다. 발표자 자신이 어색하면 청중들도 어색해하기에 충분한 연습과 숙달을 통해 극복해야 한다.

　시연(Demonstration)은 기재의 의미를 파악하는 것이 중요하고, 추가 의미를 접목하여 스토리 전개를 높여야 있다. 무엇보다 탄탄한 스토리로 무장 되어야 한다.

성인들을 대상으로 '리더의 희생'이라는 주제로 강의를 할 때였다. '희생과 인간관계에 대한 중요성'을 일반적 내용으로 전달하는 것은 그들에게 자극이 되지 않았다. 그들에는 강력한 메시지 전달방법이 필요했다. 그들이 예측할 수 없게 선택한 방법이 시연(Demonstration)이다.

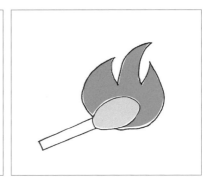

시연 순서

1. 예시물을 보여줘라.
2. 시연을 하라.
3. 일반적인 메시지를 말하라.
4. 극적인 표현으로 전달하라.

"여기에 성냥이 있습니다. 불을 켜 보겠습니다. 아름답지 않습니까? 어둠을 밝히는 것으로도 충분한 인정을 받을 수 있는데 자신을 태우면서 희생을 한다는 것입니다."라며 리더의 덕목 중 희생을 시연(Demonstration)을 통해 메시지를 전달했고, 그들에게 뛰어난 리더가 될 수 있다는 자신감을 심어줄 수 있었다.

이어서 '인간관계'를 시연(Demonstration)했다.

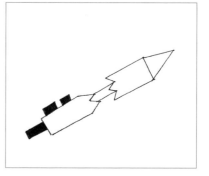

시연 순서

1. 예시물을 보여줘라.
2. 시연을 하라.
3. 일반적인 메시지를 말하라.
4. 극적인 표현으로 전달하라.

볼펜을 손가락에 끼우고 무릎에 힘껏 친다. 그러면 볼펜 케이스는 부러지지만 볼펜심은 부러지지 않는다. "볼펜 케이스는 부러지지만 볼펜심이 부러지지 않는 이유는 부드럽기 때문이다. 좋은 인간관계를 위해서는 유연성 있는 태도를 유지하는 것이 좋다."는 메시지를 전했다. 예측하지 못한 퍼포먼스에 그들은 놀라워했고, 의도와 목적을 전달하는 방법으로 괜찮다고 느꼈는지 그들도 도전을 했고, 스스로 놀라운 경험을 하게 되었다.

시연(Demonstration)의 어려운 점은 어색함을 극복하는 것이고, 기재를 효과적이고 적절하게 사용하는 능력이다.

시연(Demonstration)진행시 어떤 기재를 많이 사용해야 하는지? 질문을 받았다. 그래서 A4종이를 기재로 추천했다. A4용지를 추천한 이유는 첫 번째, 소지가 간편하고, 두 번째, 응용이 가능하고, 마지막으로 재활용이 가능하기 때문이다.

그래서 이어지는 주제들은 A4종이로 시연(Demonstration) 훈련을 했다. 그들에게 '희망'을 표현하는 과제를 주었다.

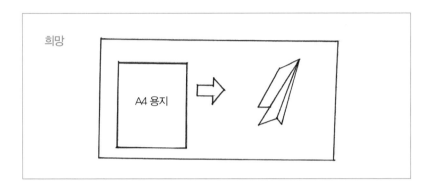

대부분의 수강생들은 비행기와 배를 접었다. '목적지가 있고, 갈 수 있는 곳이 있다는 것이 희망입니다.'는 발표를 한다. 평상시 언급되어 왔던 말들이기에 호응을 받지 못했다.

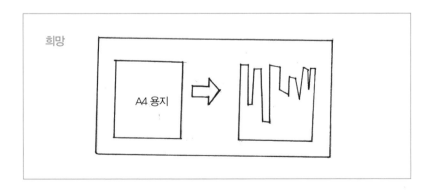

그래서 생각을 바꾸면 재미와 흥미를 유발할 수 있는 스토리를 제작해서 전달을 할 수 있다는 사례를 알려 주었다. 모 프로야구 응원단은 신문을 찢어서 응원도구로 만들어 사용했었다. '종이를 찢으면 종이의 가치가 떨어지지만 움켜지고 흔들면 응원도구가 되어 그들을 하나로 뭉치게 한다. '야구는 9회 말 투아웃부터'라는 말처럼 역전을 바라며 희망을 버리지 않는 것이다.'고 했다.

다음으로 앞서 계속 언급되어 왔던 단어 분류를 통해 강력한 메시지를 전달할 수 있다.

아래 자료를 참조하면 희망이라는 단어를 분류와 선택을 통해 문장을 연결하여 주제에 맞는 스토리를 구성할 수 있다.

```
         ┌─ 사전적 의미 : 소망을 가지고 기대한 것을 바람
  희망  ─┼─ 시각적 의미 : 자유, 미소 편안함, 부러움
         └─ 연관된 의미 : 목표, 방향, 항해, 항로, 날개
```

◯ 의 단어들을 '소망하는 목표가 있을 때 자신에게 미소를 보낸다.'는 문장으로 연결할 수 있고, 내포된 의미를 시각화시켜 다음 자료처럼 제작할 수 있다.

빠져 나가네. 모래처럼.

'모래나 물을 손으로 가둔다는 것은 어렵다. 희망은 모래와 물과 같다. 잡을 준비가 되지 않으면 빠져 나간다. 준비를 해서 자신의 것으로 만들어야 한다.'는 스토리로 전달할 수 있다. 이를 시연(Demonstration)으로 메시지를 전달할 수 있다.

첫 번째, A4 종이를 보여준다. 두 번째, 원뿔로 만들어 물을 붓는다. 그리고 물을 흘려보내며 '급하다고 종이로 물을 가둘 수는 없듯이, 준비 안된 기회는 흘러가는 물과 같이 잡을 수 없다.'고 전달할 수 있다.

다르게 해석할 수도 있다. 같은 자료도 바라보는 시각에 따라 100명의 사람으로부터 100가지의 스토리가 나올 수 있다. 같은 기재로 다른 스토리도 구성할 수 있다.

시연(Demonstration)으로 스토리를 전달하기 위해서는 기재의 의미를 파악하고 주제어에 부합하는 내용으로 설득력을 향상시켜야 한다. 기재 사용방법은 2가지가 있다.

주제 : 희생	기재 : A4 종이
내용 : 찢어지는 아픔을 나누고 꽃길 이 되게 하는 것	방법 : 찢고 그리고 뿌리기

첫 번째, 주제와 내용을 생각하고, 기재인 종이를 이용해 메시지를 전하는 위의 방법과 두 번째, 반대로 기재와 주제를 정하고 내용과 방법을 전달하는 아래 방법이다.

기재 : A4 종이 주제 : 경험	내용 : 구겨진 삶의 경험이 멀리 날아간다. 방법 : 종이를 작은 공으로 만들어 던져라.

'뭉쳐진 작은 종이공은 목표를 향해 날아갈 수 있다. 작은 구김들은 경험이고 이런 경험들이 목표를 향해 날아갈 수 있는 밑거름이 된다.'고 할 수 있고, 기재의 선, 후에 따라 다른 메시지를 전달할 수 있다. 종이비행기를 여객기로 단어를 교체하면 "여객기는 목적지로 비행을 하는 것이지만, 목적지가 없는 비행기는 '추락'한다."는 의미로 주제와 스토리 운영에 따라 의미 전달과 내용의 폭을 넓힐 수 있다.

시연(Demonstration)의 기재 사용

기재는 별도로 있는 것은 아니다. 주변의 모든 사물들이 기재가 될 수 있다. 다만 기재를 어떤 용도로 사용할 것인가를 생각하면 된다. 긍정적으로 사용하느냐, 부정적으로 사용하느냐는 프레젠테이션 흐름을 통해 적용하면 된다.

항목	기재	내용	기재	내용
비전/목표	종이	구멍 내기	성냥	밝히기
	마우스	클릭	이어폰	수용
성장/성과	물	변화	과자	믹스
	고무줄	얼마나 늘어날지	시계	멈추지 않는다
리더십	컵	담기	연필	품는다
	안경	선명함	꽃	아름다움
인간관계	핸드폰	원하는 답변	볼펜	지워지지 않는다
	안대	배려	페트병	주워담지 못한다

항목과 기재는 제한이 없다. 내용에 제한을 둘 필요도 없다.

항목	기재	내용	기재	내용
사랑	종이	찢어짐	성냥	아픔
	마우스	검색과 선택	이어폰	경청
희생	물	갈증해결	과자	타인 만족
	고무줄	잴 수 없다	시계	만드는 것이다
책임	컵	덮는 것 아니다	연필	약속과 신뢰
	안경	보지 않는다	꽃	시들지 않는다
갈등관리	핸드폰	원하는 통화	볼펜	지워지지 않는다
	안대	보지 않는다	페트병	쏟아낸다

예를 들면

항목	기재	내용1	내용2	내용3
사랑	종이	쌓여가는 것	아픔	지워지지 않는다
		날아간다	총 맞은 것처럼	진한 향기가 있다
		찢어진다	상처	보듬는 것이다

　내용 1은, 행동을 표현하는 것이고, 내용 2는 의미이며, 내용 3은 가치를 말한다. 통합한 의미로 스토리를 구성해서 메시지를 전달할 수 있다. 주제어가 '사랑'이면 다음와 같이 시연(Demonstration)으로 의미와 메시지를 전달할 수 있다.

시연(Demonstration) 1

1. 종이를 보여준다.
2. 기재를 설명한다.
3. 종이를 찢는다.
4. 스피치

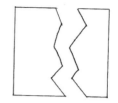

찢어지는 종이와 같은 얕고 가벼운 사랑보다
쌓이고 쌓여 깊고 두꺼운 책과 같은 사랑이 되어야 한다.

시연(Demonstration) 2

1. 종이를 보여준다.
2. 기재를 설명한다.
3. 종이를 쌓는다.
4. 스피치

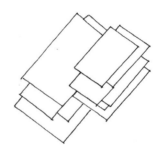

사랑의 스토리가 떨어지는 것이 아니라
사랑의 추억이 쌓여가는 것이다.

관심 26 시연(Demonstration)은 제한요소가 없다. 시나리오와 기재
그리고 자신감으로 무장해서 청중에게 다가서면 된다.

이해를 돕는 차원에서 첫 번째 '변화'라는 주제로 시연(Demonstration)
을 해보자. 기재는 페트병과 컵이다.

내용 1

종이컵과 페트병을 준비.
종이컵에 물을 붓고

'물은 틀에 따라 채워진다.
변화는 환경에 따라 자신이 맞추는 것이다.'

내용 2

종이컵과 페트병을 준비.
종이컵에 물을 붓지만 주변을 적신다.

'흘려버린 물은 다시 주워 담지 못하듯
기회가 다시 돌아오기를 기대하지 말라.'

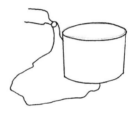

내용 3

종이컵과 페트병을 준비.
종이컵에 물을 붓지만 컵에서 물이 샌다.

'작은 구멍이 있는 한, 시간과 노력으로도 채우지 못한다.
변화의 시도는 잘못된 습관부터 잡아야 한다.'

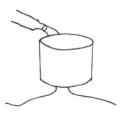

내용 4

종이컵과 페트병을 준비. 종이컵에 물을 넘치도록 붓는다.

'컵이 작으면 물을 담을 수 없고,
원하는 양을 부을 수 없다.
변화는 필요에 따라 크기를 키워야 한다.'

예시 내용을 통해 알 수 있는 것은 기재 구성을
어떻게 하느냐에 따라 메시지가 달라진다는 점이다.

두 번째 '기회'라는 주제다. 기재는 '볼펜과 A4용지'다.

내용 1

볼펜과 종이를 보여준다.
종이 위에 글을 쓴다.

'종이와 하나가 될 때 펜이 힘을 가진다.
기회는 위기를 마주할 때 극복하는 힘이 생긴다.'

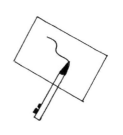

내용 2

볼펜과 종이를 보여준다.
종이에 구멍을 뚫는다.

'막혀 있는 벽을 뚫고,
넓은 세상을 보는 것이 기회다.'

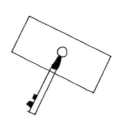

내용 3

볼펜을 보여준다.
손가락 사이에 끼우고 부러뜨린다.

'강한 것은 부러지지만 부드러운 것은
부러지지 않는다. 생존의 기회는 부드러움에서 온다.'

 시연(Demonstration)의 장점은 전달하고자 하는 스토리에 따라 순발력 있게 대응할 수 있다. 많은 기재만큼 많은 메시지를 전달할 수 있기 때문이다.

 모 기관에서 시연(Demonstration) 강의를 진행할 때였다. 강의 중간 수강생들은 강사의 역량을 평가했다. 전문성에 대한 약점을 가지고 있었던 강사들을 경험했던 기억이 있었는지 강의장에 있던 기재로 질문을 했다.

"강사님! 저희들이 몇 가지 기재를 가지고 질문을 해도 되겠습니까?"
"네, 하세요."

그들은 귤을 기재로 하여 '서비스'를 주제어로 제시했다.

귤을 손에 움켜쥐었다. 귤즙이 떨어지는 것을 지켜보며 "서비스는 귤을 손으로 쥐어짜고 속내를 보여주듯, 책임을 눈으로 보여주는 것이다."
고 했다. 시각화 자료를 제작하여 의미를 보여 주며 '서비스는 감동의 눈
물이다.'는 표현으로 정리했다.

떨어지는 것은 눈물이 아니고 감동이다.

두 번째는 기재를 '보드마카' 그리고 주제어를 '공직자'라고 했다.
하얀색 종이 위에 보드마카로 색칠을 했다. "흰색 종이 위에 의미를 남
기듯, 공직자는 시민들의 하얀 마음에 의미를 주는 사람입니다."며 시각
화 자료를 제작하여 의미를 전달했다.

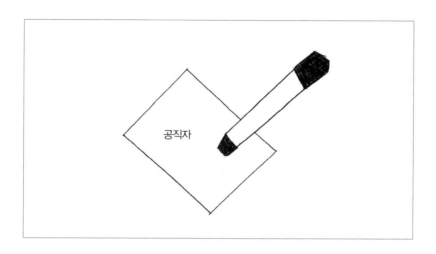

마지막 기재는 '핸드폰'이며 주제어는 '정책'이었다.

핸드폰을 꺼내 한 명에게 전화를 했다. "내가 정보를 한 건 줄 테니 잘 들어."

그리고 전화를 끊고 학습자들에게 말했다.

"내가 원하는 사람에게 메시지를 주듯 내가 원하는 사람에게 정보를 주는 것이다. 원하는 사람에게 원하는 것을 주는 것이 정책이다."라며 의미와 스토리를 전달했다.

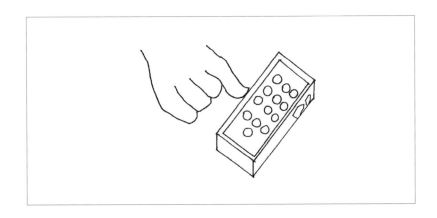

　3개의 기재로 주제어에 대한 즉답을 하니 놀라는 눈치였다. 그들은 강사의 수준과 강의 내용에 대한 의심을 풀었고, 적극적인 자세로 과정에 임하기 시작했다.

　그들은 프레젠테이션이라고 하면 디자인과 발표태도 그리고 스피치가 전부인 줄 알았는데 구조화된 프레젠테이션 교육이 있는 줄 몰랐다고 했다. 교육과정에서 신선함을 느꼈다고 했다.

　시연(Demonstration) 과정이 끝날 무렵 질문을 받았다.

　"강사님이 지금까지 했던 시연(Demonstration) 기술 중 다양한 기재를 두고 스토리를 만들었던 부분이 있었습니다. 강사님 실력을 테스트 하는 것은 아닙니다. 기재 8개를 붙여서 스토리를 만들어 주시면 안 될까요?"

　"그럼 선생님들이 먼저 해보시고 제가 나중에 하겠습니다."

　"아니요, 강사님이 먼저 하시면 우리가 나중에 하겠습니다."

　"그럼, 그렇게 하시죠. 제가 먼저 할 테니 기재를 붙여 보시고 주제어를 주십시오." 학습자들은 의논을 하며 8개의 기재를 전지 위에 붙였다.

주제어 : 행복

볼펜　　　실　　　　　핸드폰　　　종이

화장품　　　거울　　　　　필통　　　종이컵

　주제어는 '행복'이다. 8개의 기재는 시각적으로 보면 행복이라는 의미
를 찾을 수 없다. 하지만 앞에서 훈련한 생각의 확장과 브릿지(Bridge)스
킬 2가지 방법을 적용하면 어렵지 않게 풀어 갈 수 있다.

　첫 번째, 기재 순서와 의미 부여다. '볼펜은 기억,　실은 시간, 핸드폰
사람, 종이는 인식, 화장품은 꾸미기, 거울은 보여주기, 필통은 함께, 종
이는 품는다.'는 의미를 부여했고, 한 문장으로 연결했다.

　'행복은 기억되는 시간 속에서 우리의 삶을 꾸미고, 보여주며 그들의
기억 속에 좋은 사람으로 인식되어 품고 함께하는 것이다.'라는 문장을

구성을 했다. 의미는 '궁극적인 바람은 행복입니다. 과거를 추억하고, 현재를 반성하면서 삶의 퍼즐을 맞추듯 꾸미며, 부족함을 채우고, 넉넉함을 나누며 함께 하고 있음을 인식시키고 그들을 품고 함께 나아가는 것입니다.'고 재구성해서 아래 시각화 자료를 제작했다.

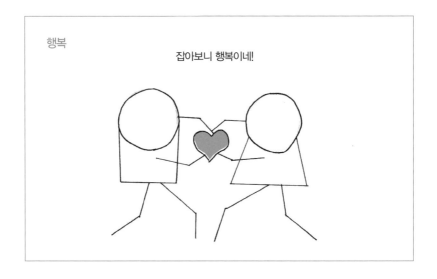

마지막은 시연(Demonstration)으로 마무리 했다. 그들이 제시한 기재에 있는 '거울'을 사용했다. 거울에 '행복'이라는 단어를 손으로 쓰고 입김을 불었다. 거울에서 행복이라는 단어가 나타났다. "밝으면 보이지 않을 수도 있지만, 흐릿한 안개 속에서 찾을 수 있는 것이 행복이다. 가난이 삶을 어렵게는 할 수 있지만 행복을 깨지 못한다."는 의미로 설명했다.

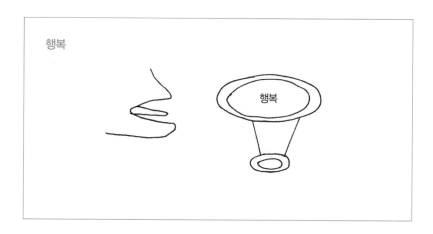

관심 27 강사의 발표는 청중에게는 시각화된 메시지다. 텍스트로 전달하기 어려운 부분을 시각화 자료로 대체해서 극적인 표현으로 메시지를 주는 것이다. 이것이 시연(Demonstration)이다.

제3장

의미의
재구성

성장을 위해

평범함을 거부하듯

Idea에 생명을

불어 넣는 것이다

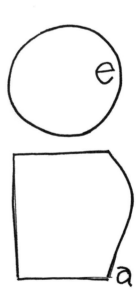

다른 방향에서

생각하고 정리해서

폭 넓은 스토리의

재구성

스토리는 감동이 있는 드라마다

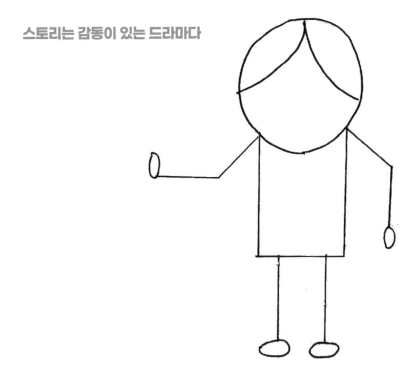

의미의 재구성

의미 재구성은 역발상의 기초가 된다. 다른 생각의 접목을 통해 새로운 것을 구성하는 것이다. 내용을 뒤집는 것이 아니고 창작을 기초로 하여 전달 방법을 다르게 하는 것이다.

'낫 놓고 기역자도 모른다.'라는 속담이 있다. 무식하다는 것을 표현하는 것이다. 하지만 '유능'으로 프레임을 바꿀 수는 있다. '낫은 모르지만 호미는 안다.', '낫 놓고 기역자는 모른지만, 벼 베기는 잘한다.'로 프레임에 변화를 줄 수 있으며 '사공이 많으면 배가 산으로 간다.'는 것은 '의사소통이 되지 않고 엉뚱한 곳으로 간다.'는 의미로 '사공이 많으면 침몰한다.', '사공이 많으면 빨리 간다.', '사공이 많으면 제자리에 머무른다.'라는 프레임으로 재구성할 수 있다.

이솝우화에 나오는 여우와 신포도 이야기다.

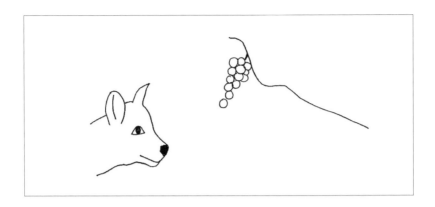

여우가 포도를 먹지 못하자 핑계를 댄다. "'신포도'일 거야." 그러니 먹지
못해도 괜찮다고 자기 위안을 한다. 위 우화에서 프레임을 변화시킬 몇 가
지 스토리가 있다. 첫 번째는 '내가 커서 올 거야.' 두 번째는 '엄마를 데려올
거야.' 세 번째는 '나무타기 연습을 해야겠다.' 마지막으로 '사다리를 가져와
야겠다.'며 긍정적인 스토리가 있을 수 있고, 반대로 '딱 보니 썩었어, 먹지
못하겠네.', '겨우 한 송이 먹으려고 힘을 쏟지 않겠다.', '배가 부르니 먹고
싶은 생각이 없어.' 등의 부정적인 스토리가 있을 수 있다. 다만 스토리 전
달은 청중과 주제를 고려해서 적용해야 신뢰(Rapport)가 형성될 수 있다.

'여우와 신포도'에서 '리더 여우'라고 프레임에 변화를 주면 일반 여우는 실행보다 포기가 빠를 수 있겠지만 리더 여우는 모든 여우들을 위해 먹잇감을 조달해야 하는 책임이 있기에 실행이 포기보다 앞선다는 의미로 스토리를 전달할 수 있다.

그리고 기존의 명제도 프레임 변화를 통해 스토리로 전달할 수 있다.

스피노자가 말한 '내일 세상이 멸망하더라도 나는 오늘 사과나무를 심겠다.'는 것은 '오늘의 중요성과 현재 최선을 다하라.'는 의미로 해석할 수 있으며, 기본적으로 2개의 시각화 자료로 제작을 할 수 있다.

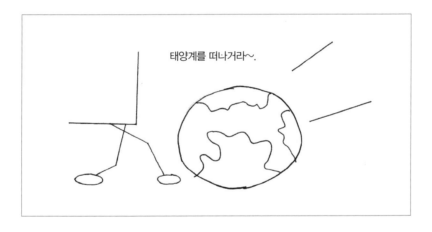

첫 번째는 지구 '멸망'에 포인트를 두고 위의 자료처럼 제작할 수 있고, 두 번째는 '사과를 심는다.'에 포인트를 두고 다음 자료처럼 의미 부여를 할 수 있다.

마지막 남은 한 모금의 물

'지금 우리가 사용하고 있는 현재를 잘 관리하여 미래의 후손들에게 물려주어야 한다.'는 의미와 '현재를 살고 있는 우리는 미래에 대한 빚을 지고 있는 것이다.'는 미래에 대한 고민과 그들이 안착할 수 있도록 기반을 조성하는 것이 기성세대가 해야 될 일임을 전하는 말이다. 이를 통합하면 다음과 같은 시각화 자료로 제작이 가능하다.

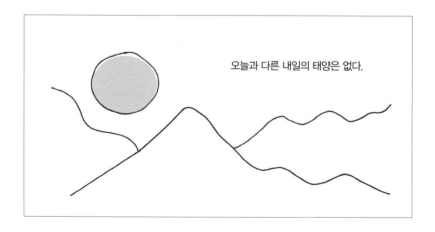

오늘과 다른 내일의 태양은 없다.

'오늘과 다른 내일의 태양은 없다.'는 의미이며 '오늘을 보호하는 것은 내일을 위한 투자다.'는 뜻으로 전달할 수 있다. 다양한 의미를 통합해서 시각화된 자료로 제작할 수 있다.

의미의 재구성 1

효과적인 주제 전달을 위해 생각전환 시스템을 접목을 하면 스토리 구성과 의미 전달에 도움이 된다. 또한 스토리와 의미 전달 그리고 시각화된 자료 제작이 가능하다. 단계별로 적용하여 최종적인 메시지 제작이 가능하다.

모 기관에서 생각전환이 필요한 이유와 방법에 대해 강의를 했었다.

"강사님. 관련성이 있는 단어와 문장을 통해 메시지를 만들어 가는 훈련인 것 같습니다. 그러면 '남과 여'라는 주제어로 전달할 수 있는 메시지가 있을까요? 예를 들어주시면 감사하겠습니다."

"네, 만들어 보죠. 저도 모르겠습니다. 어떤 메시지가 나올지?"

라고 말하고 종이 위에 생각 전환 시스템(System)을 적었다.

구분	내용
주제어	남과 여
관련성 있는 단어 분류	부부, 애인, 아내, 사랑, 헤어짐, 아픔, 이별, 눈물, 백년해로 등
일반의미	긍정적 의미 : 사랑하기 때문에 헤어진다. 부정적 의미 : 사랑 안했기에 헤어짐은 의미는 없다.
내포된 의미	헤어지는 이유는 '사랑이 식었다' '변심했다' '매너리즘'
핵심 단어	변심
PPT 제작	다시 돌아오기까지 지구 한 바퀴를 돌아야 한다. 변심은 무죄다. 바람에 흔들리지만 꺾이지는 않는다.
청중들에게 전할 메시지	변심할 수 있는 사람을 옆에 두는 것은 사람을 보는 안목이 부족하다. 돈을 훔치려 하지 말고, 마음을 훔쳐라. 그것이 사람을 얻는 것이다.

단계별 생각 전환을 통해 주제어에 어울릴 수 있는 내용으로 함축했고 다음과 같은 시각화 자료로 제작할 수 있었다.

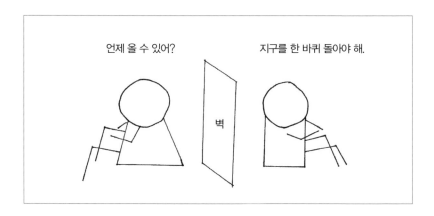

'마주 보려면 누군가는 지구를 한 바퀴 돌아야 만날 수 있다. 그만한 노력을 해야 하기에 헤어짐은 신중해야 한다.'는 의미표현이다. 그들은 생각 전환 시스템(System)으로 만들어진 스토리에 타이틀을 붙였다.

'걸어서 그대에게.'

의미의 재구성 2

우화를 스토리가 있는 프레젠테이션으로 제작하기 위해서는 3단계의
전환이 필요하다.

1단계는 책 내용을 가감 없이 제작하는 것이다. 위의 시각화 자료는 '해와 바람'에 대한 스토리다. 사람의 옷을 벗게 하면 승자가 되는 스토리로, 결론은 해의 승리로 마무리 된다. 스토리에서 확인할 수 있는 의미는 2개이다. 첫 번째는 상대가 강하면 강할수록 대응도 강하게 한다는 것이고, 두 번째는 상대의 입장에서 대응을 해야 한다는 것이다. 하지만 해와 바람이 에너지를 쏟아부어도 목적을 달성할 수 없는 경우를 생각할 수 있다. 1단계에서 사람이 바람과 해를 피해 건물이나 나무 뒤에 숨어 버리면 헛된 힘만 쏟는 내용을 아래 자료처럼 제작할 수 있다.

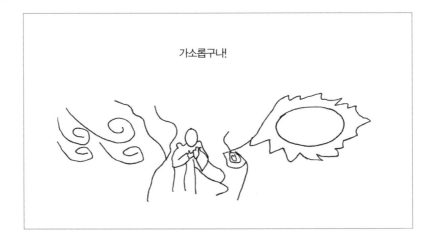

강하면 강할수록 거부감은 커진다. 해와 바람이 에너지를 강하게 밀어붙이면 상대는 움츠리고 대책을 마련한다. 그렇다면 어떻게 하면 성공할 수 있을까? 답은 상대방이 간절히 원하는 것을 제공할 때 성과를 창출할 수 있다.

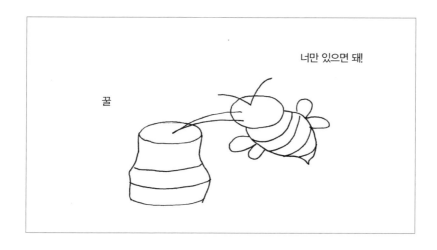

2단계는 1단계 핵심 단어를 파악하고 2단계로 적용하는 것이다. 1단계의 핵심 단어는 '간절함'이다. '꿀벌을 모으기 위해서는 한 방울의 꿀만 있으면 된다.'는 스토리로 상대방의 입장에서 생각하면 해결안을 제시할 수 있다. 상대방이 간절히 원하는 것을 포인트에 두고 1단계와 2단계를 연결해서 위의 시각화 자료처럼 제작할 수 있다.

마지막 3단계는 1, 2단계에서 파악된 내용을 통합하면 '승리를 위한 간절함은 치밀한 전략에 있다.'는 의미를 포함하고 있고, 내용을 다음 시각화 자료처럼 제작할 수 있다.

겉만 보고 승부를 판단해서는 안 된다. 승부는 상대를 분석해서 자신이 강한 것과 상대가 강한 것을 분석하고, 자신의 약점과 상대의 약점을 비교하여 자신이 경쟁에서 승리할 수 있는 방법을 선택해야 한다. 따라서 '해와 바람'의 핵심 단어와, 2단계에서 제시된 '간절함'을 연관 지어 3단계는 승리할 방법을 찾는 의미이다. '상대가 누구이며 그를 가볍게 보고 덤벼서는 안 된다.'는 의미로 브릿지(Bridge) 기술을 적용해서 스토리를 구성할 수 있다.

요약하면 우화 및 속담의 의미를 스토리로 제작하고 전달하고자 한다면, 1단계, 우화를 가감 없이 시각화 자료로 제작하고, 2단계, 1단계의 핵심 주제로 선정하여 자료를 만들고, 3단계, 통합하는 기술을 통해 발표자의 의도를 전달하면 된다. 물론 1단계는 발표자의 의도가 노출되기 때문에 청중들의 집중도를 높일 수는 없고, 2단계는 다른 의도도 있음을 알

려줄 수 있고, 3단계는 최종적으로 발표자의 가치와 의도와 가치를 전달
하는 것이다.

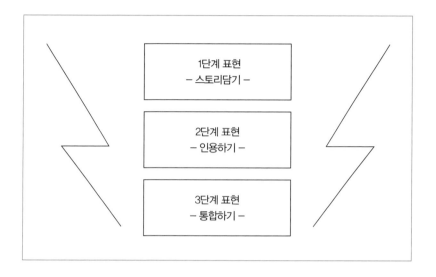

선택은 발표자의 몫이고 무조건 3단계 표현으로 갈 필요는 없다. 필요
에 따라 단계를 선택하면 된다. 메시지가 중요하다.

.

제4장

디자인(Design) 스킬

어려움을

조정하고

단순함으로

풀어낸다

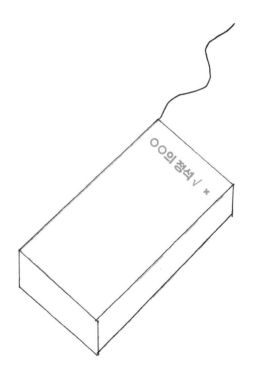

○○의 정석 √ +

시각화 자료의

단순화를 통한

효율적인

전달력 강화

디자인으로 시각화 효과를 높여라

디자인(Design) 스킬

프레젠테이션은 자신의 생각과 의지 그리고 철학을 스토리로 전달하는 활동이다. 그리고 스피치 한계를 극복하기 위해 시각화 자료를 사용하여 설득시키는 행위이다.

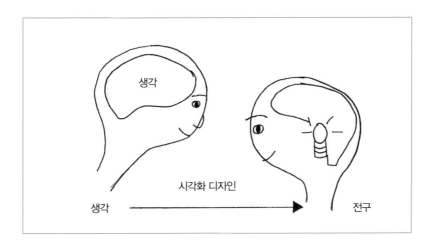

주제와 스토리를 시각화 자료로 제작하여 의도와 목적을 전달하는 것
이며, '생각'을 '전구'로 제작하는 것이 디자인이다.

동작과 명사, 문장 그리고 명언을 디자인하는 것이다. 첫 번째, 동작을
디자인하는 것은 사회적 약속으로 스포츠 종목, 비상구 등을 시각화하여
의도와 목적을 전달할 수 있다. 디자인(Design)만으로 소통을 할 수 있
다.

두 번째, 명사의 시각화이다. '평화'라는 단어를 비둘기로 표현하는 것
처럼, 사랑은 '하트'로, 목표는 '과녁'으로 표현할 수 있다.

세 번째, 문장을 시각화 자료로 제작할 수 있다. 문장을 분류하여 의미
가 있는 스토리로 전달할 수 있다. 다음 예시를 참조하기 바란다.

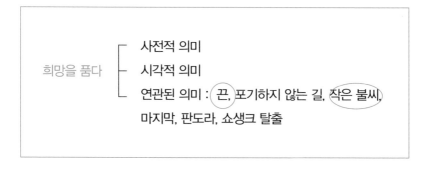

'희망을 품다.'라는 문장을 분류했다. ◯ 선택하여 '희망을 품는 것은
작은 불씨의 끈도 놓치지 않고 큰불로 키우는 것이다.'라는 의미를 표현

할 수 있다. 이를 디자인하면 아래와 같이 제작할 수 있다.

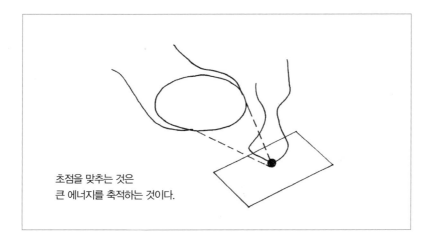

초점을 맞추는 것은
큰 에너지를 축적하는 것이다.

네 번째, 명언을 시각화하는 것이다. '악법도 법이다.'는 소크라테스의
말을 디자인으로 제작하여 스토리로 전달하기 위해서는 시스템이 필요
하다. 시스템이 없으면 매 순간 마른 헝겊에 물을 짜듯이 해야 한다. 두
번째, 분리하고 합치는 것이다. 세 번째, 의미전달과 디자인을 해야 한
다.

'악법도 법이다.'를 시스템을 적용해서 디자인으로 제작하려면 첫 번째
'A도 B다.'는 문장 구조를 이해해야 한다. 예를 들면 '도롱뇽도 용이다.',
'경계도 작전이다.' 등으로 이해할 수 있고, 두 번째는 분리하고 합치는
것이다. 분리는 '악은 나쁜 사람, 소리, 깡패이며, 법은 공정, 상식, 집행'
이다. 다음으로 합치면 '나쁜 사람은 공정은 없다.', '깡패도 법을 안다.',

'요리사도 칼을 다룬다.'며 단어의 분리와 합치는 방법으로 표현할 수 있다. 마지막으로 의미와 디자인을 전달하는 것이다. '악법도 법이기 때문에 지켜야 하는 것이다.', '악법도 법이기에 유연성이 있을 수 있다.', '이정표는 후진은 없다.'는 의미로 표현할 수 있고, 아래 자료처럼 디자인 할수 있다.

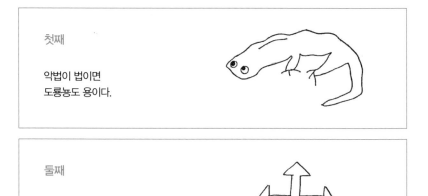

관심 28 표지는 책의 내용을 대변하고, 영화의 포스트는 스토리를 짐작하게 한다. 스토리를 숙지해야 함축적 표현으로 디자인할 수 있다. 단어와 문장 그리고 스토리에 대한 관심과 연출 그리고 디자인을 통해 청중으로부터 인정을 받는다.

디자인은 제안이 없고, 사회적 약속이 아니더라도 메시지 전달에 충실

하면 된다. 아래 자료는 자신을 소개할 수 있는 기재와 단어들이다.

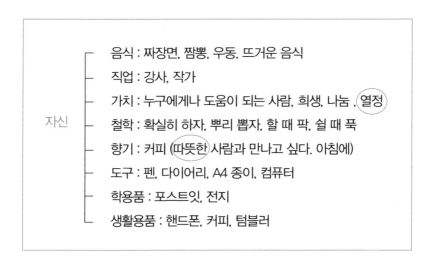

자신
- 음식 : 짜장면, 짬뽕, 우동, 뜨거운 음식
- 직업 : 강사, 작가
- 가치 : 누구에게나 도움이 되는 사람, 희생, 나눔 , 열정
- 철학 : 확실히 하자, 뿌리 뽑자, 할 때 팍, 쉴 때 푹
- 향기 : 커피 (따뜻한 사람과 만나고 싶다. 아침에)
- 도구 : 펜, 다이어리, A4 종이, 컴퓨터
- 학용품 : 포스트잇, 전지
- 생활용품 : 핸드폰, 커피, 텀블러

○을 '따뜻한 열정이 있다.'는 의미로 문장을 구성해서 음식에 적용해서 디자인할 수 있고, 스토리를 전달할 수 있다.

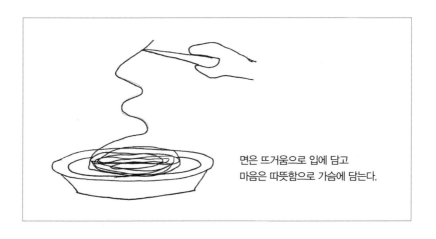

면은 뜨거움으로 입에 담고
마음은 따뜻함으로 가슴에 담는다.

'열정적인 에너지를 가지고 타인들에게는 항상 부드럽고 따뜻한 사람이고, 따뜻한 마음으로 다른 사람을 품는 열정이 있는 사람이다.'는 말로 음식(뜨거운 우동)에 비유하며 전달할 수 있다.

결론적으로 디자인은 발표자가 전달하고자 하는 스토리를 담는 것이며, 함축적 의미로 청중들이 동기를 부여하는 것이다.

디자인(Design) 분석 1

디자인은 시각화이다. 청중들의 시선을 집중시키고 호기심을 유지할 수 있는 스킬이다. 시각화 자료 제작을 위해 무료 템플릿을 이용하거나 비용을 지불하며 대행사에 맡기는 경우도 있다.

디자인은 발표주제와 같은 맥을 이루어야 한다. 프레젠테이션은 종합예술이라고 표현했듯 연극에 비유하자면 무대 연출이 되는 것이고, 영화에 비유하자면 포스트가 되는 것이고, 신문의 1면 타이틀이 되는 것이다.

이 책에서 보여주는 시각화 자료는 한글 문서에 있는 도형을 이용하여 직접 제작했다. '내가 창작자다'는 마음으로 제작하면 된다. '구글, 어도비스탁, 네이버, 다음' 등에서 사진이나 이모티콘 등을 무료로 사용할 수 있는 사진이나 그림은 있다. 자신의 의도와 목적을 일정부분 대신할 수 있지만, 완벽하게 대신하지는 못한다.

디자인을 하기 위한 고려요소가 있다. 첫 번째는 심플(Simple)해야 한
다. 여백의 미를 살리며 시각적 효과를 창출해야 하는 의미다. 두 번째는
텍스트를 시각화 자료로 묘사해야 한다. 텍스트를 최소화하여 서술형이
아닌 함축적 용어로 스토리의 의미를 표현해야 한다.

청소년들의 발표 자료를 통해 알아보면 아래 자료는 명확한 진로, 진
학을 찾아 떠나는 여행을 표현했다. 처음 가는 여행은 두렵다. 그래서 사
전준비와 경험이 필요했다는 것과, 향후 여행을 통해 다양한 경험을 쌓
는 것이 중요하다는 자기인식을 표현했다.

배경으로 자연을 표현한 것은 현재 상태를 이미지로 표현한 것으로 개
발되지 않은 상태임을 말하는 것이다. 특히, 말머리 메시지는 독백으로

진로와 진학을 찾아 떠나는 발표자의 현재 심정을 표현했다.

　디자인에 스킬이 들어가 있는 부분은 없다. 여백의 미를 살리면서 자신이 하고 싶은 말을 한 장의 자료에 담고 솔직담백한 자신의 모습을 표현했다.

　다음 자료는 '토끼와 거북'의 우화를 적용해서 전체적인 디자인을 구성했고, 발표자의 생각과 가치를 읽을 수 있다. 자만한 토끼의 행동보다는 토끼의 습관을 지적했다. 자신의 행동을 절제하며 좋은 습관을 만들고자 하는 의지가 담겨 있다. 스토리는 가치와 의도를 전달하여 동기부여를 하는 내용으로 구성을 했다.

　다음은 명언을 이용해 자료를 제작했다. 토마스 에디슨의 2가지 메시지를 상반된 주장으로 시각화시켰다. 첫 번째는, '만 번의 실패는 포기를 부른다.'는 의미와 두 번째는, '취미로 일을 선택한다.'는 의미다. 그는 두 번째 의미를 선택했고, 일을 대하는 가치를 읽을 수 있었다. 아쉬운 점은 디자인에 텍스트가 많이 들어가 있어 시각적 효과가 감소했다는 것이다. 텍스트를 최소화하는 함축적 용어선택으로 디자인의 재구성이 필요하다.

다음 자료는 독수리 그림이다. '나는 날아가며 뒤를 돌아보지 않는다.' 라는 말로 자신의 태도와 의지를 표현했다. 미흡한 디자인은 아니다. 자신의 태도를 명확하게 표현했다. 다만 아쉬운 것은 타이틀과 메시지가 어울리지 않는 면이 있다. 그렇다면 타이틀은 독수리가 목표물을 사냥하는 속도는 빠르고 정확하다는 것을 염두에 두면 핵심 단어를 '속도'로 정하고 타이틀을 만들면 '주변을 둘러보는 빠른 경주는 없다.'라는 표현이 어울릴 수 있을 것 같다.

다음 자료는 글을 그림으로 묘사했다. '선택'이라는 핵심 단어를 그림
으로 표현했다. 애니메이션 기능을 넣어 손으로 잡는 것을 시연했기에
선택에 대한 메시지 전달은 충분했다.

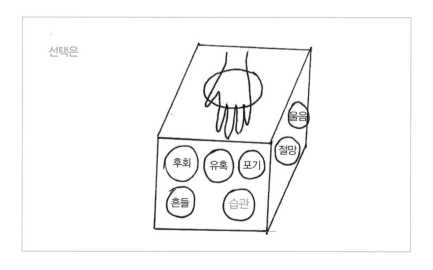

참고로 애니메이션 기능은 결정적인 부분에 적용을 해야 한다. 텍스트를 클릭할 때마다 애니메이션을 적용하면 안 된다. 청중들을 집중시키려면 기술적인 부분 보다 스피치를 통해 청중들과 공감하는 것이 효과적이다.

디자인(Design) 분석 2

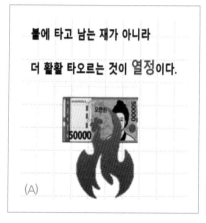

    (A)자료를 발표한 청소년은 자신이 가지고 있는 강점을 열정이라고 소개했지만 시연(Demonstration)을 하지 못해 '열정'이라는 단어 전달에는 한계가 있었다. 기재를 사용했기에 연출이 필요한 자료였지만, 자신의 생각과 의지를 전달하기에는 부족했다.

이럴 경우는 (B)형태의 자료로 전달하는 것이 효과적이다. 시각적 효과를 '불과 사랑'이라는 두 단어로 연상시키고, 메시지 전달과 발표자의 의도 전달이 가능하다.

(A)와 (B)의 자료를 구체적으로 분석을 하면 핵심 단어는 '열정과 사랑'으로 정리될 수 있다. 공통적인 것은 첫째, '불'과 둘째 '타다'이다. 그리고 (A)는 돈을 기재로 적용했고, (B)는 하트를 적용했다. (A)의 내용처럼 기재를 사용한다는 것은 시연(Demonstration)을 전제가 되어야 한다. 그리고 '타오르다.'의 개념은 시각적인 소멸을 말하는 것이 아니라 생산을 의미하며 문장의 구조는 A=B=C라는 방법으로 (A), (B)가 제작된 것을 알 수 있다.

예를 들면 문장 A=B=C구조에 A에 '희생'이라는 단어를 접목하면 '희생은 소멸하는 것이 아니라, 사랑의 뜨거움을 알게 되는 것이다.'라는 의미로 해석이 가능하며, 핵심 단어 '하트'로 다음의 자료(A)를 제작할 수 있다. 하지만 (A)만으로 청중들에게 전달하는 것은 부족한 점이 있다. 그렇기 때문에 플러스적인 요소인 (B),(C)를 제작해 청중들과 공감을 유도해야 한다.

(A)

(B) 플러스

(C) 재해석

(A)는 '하트'의 근본적인 의미를 전달하는 것이고 (B)는 '하트'에 사람을 플러스해서 '사랑은 쌍방향이다.' 는 의미로 제작을 한 것이며, (C)는 '하트' 없이 찬바람을 막아주는 마음을 표현한 것이다. 어떤 형태로도 의미와 스토리 전달이 가능하며 시각화 자료로 제작이 가능하다.

관심 29 고려사항은 있다. 첫 번째는, 디자인 자체만으로 청중들에게 메시지와 의도를 전달해야 한다.

두 번째는, 시각적 효과로 설득력을 높일 수 있어야 한다. 청중들은 듣고자 하는 말이 시각화 되어 전달되기를 기대한다.

세 번째는, '스토리'다. 직접경험과 간접경험을 구체적 증거로 증명해야 한다.

마지막으로 '청중들의 참여'다. 강사의 일방적 독주가 아니라 쌍방향 커뮤니케이션을 통해 청중들의 생각과 의사를 반영할 수 있어야 한다.

구분	(A)	(B) 플러스	(C) 재해석
디자인	△	○	○
시각적 효과	△	○	○
스토리		△	○
청중들의 참여		△	○

앞의 자료는 프레젠테이션 효과를 비교한 결과다.

관심 30 공감을 얻지 못하는 프레젠테이션은 동기부여가 안 된다. 종합예술로 표현되는 프레젠테이션은 발표자의 역량과 간절함이 시각화될 때 감동을 주며 동기부여를 할 수 있다.

디자인 적용 1 - 종이

첫 번째, 기재는 종이다.

기재사용 시 디자인은 다른 의미가 내포되어 있지 않다. 강한 임팩트(Impact)를 주기 위한 목적만이 있다. 디자인은 기재의 용도와 변화에 초점을 두고 타이틀을 구성하면 된다. 타이틀의 내용은 구조화의 프레임에 맞게 조화를 이루어야 한다. 시연(Demonstration)으로 스토리를 전달하면 된다.

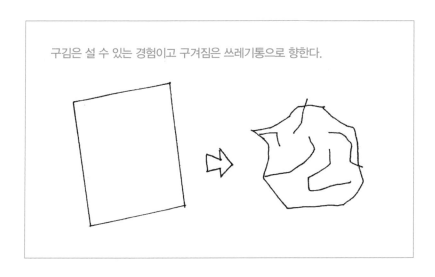

구김은 설 수 있는 경험이고 구겨짐은 쓰레기통으로 향한다.

'흰 종이는 구김으로 세울 수 있지만, 뭉쳐지면 쓰레기통으로 향한다.' 는 의미이며 메시지 전달을 위한 시연(Demonstration) 방법으로 첫 번째는 흰 종이를 보여주고 두 번째는 간격을 유지한 채 세로 주름을 주고 세운다. 세 번째는 구겨서 종이 공을 만들고 마지막으로는 쓰레기통으로 던지면 된다.

구체적 의미는 '흰 종이를 세우기 위해서는 규칙적 구김이 필요하며 구김은 경험이다. 다양한 경험은 자신의 역사를 세우는 과정이지만, 규칙 없는 구겨짐은 쓰레기로 분류되어 휴지통으로 향한다.'라는 뜻이다.

시연(Demonstration)은 식사를 하면서 맛을 표현하는 것과 같다. 눈으로 보는 것이 아닌 혀로 맛을 보고 정확한 평가를 하는 것과 같다.

디자인 적용 2 - 꽃

두 번째, 기재는 '꽃'이다. 표현할 수 있는 내용들은 '아름다움', '향기', '선물', '사랑', '감사', '격려' 등으로 핵심 단어를 정리할 수 있다.

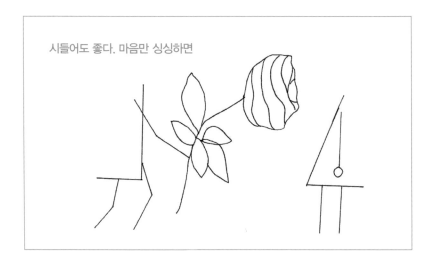

시들어도 좋다. 마음만 싱싱하면

타이틀은 가치와 목적 그리고 감동이 있어야 한다. 예를 들면 산 정상에서 배경사진을 촬영하고 느낌을 표현하는 것과 같다. 산의 능선과 어우러진 숲, 그리고 이어지는 산맥을 보며 자신만의 생각을 동반자에게 말하는 것처럼 개인의 생각과 감정을 기록하고 스토리로 전하는 것이 타이틀이다.

디자인은 스토리와 관련성이 있어야 한다. 앞의 디자인은 사랑하는 사람에게 꽃을 전하는 단순한 의미의 디자인이며 청중들도 스토리를 예상할 수 있다.

예측 가능한 디자인과 신선함이 없는 타이틀을 임팩트(Impact)있게 전달해서 청중을 감동시켜야 한다. 이를 극복하는 방법은 두 가지다. 첫 번째는 스토리이고 두 번째는 시연(Demonstration)으로 임팩트(Impact)있게 전달하는 것이다. 보편화된 스토리로 전달하는 것은 청중들로부터 공감을 얻기 어렵다.

'장미는 죄가 없다.', '꽃은 시들지만 전하는 마음은 시들지 않는다.', '순간의 감동, 오랜 향기'의 의미와 '좋아하는 사람에게 마음을 전하는 것은 마음 자체이지 장미꽃이 아니다.', '꽃은 시들지만 전하는 마음은 시들지 않는다.'는 스토리로 표현할 수 있다.

시연(Demonstration)을 하면 첫 번째는 장미꽃을 잎을 떨어뜨린다. 두 번째는, 잎 없는 장미를 전달한다. 세 번째는, 메시지를 전달한다. '꽃잎이 없다고 해서 꽃의 의미를 감출 수 없다. 잎 없는 장미는 안개꽃과 어울려 아름다움이 빛이 나듯, 사람도 다른 사람과 함께할 때 빛난다.' '잎 없는 장미꽃만으로도 아름답듯, 주변의 눈치 보는 사랑보다 주도적 사랑을 하라.'는 스토리가 가능하다. 꽃에 얽혀 있는 스토리는 누구에게나 있다. 다만, 청중들의 눈높이에 맞춰 스토리를 구성하고 전달하면 된다.

디자인 적용 3 - 물

세 번째 기재는 '물'이다. 물로 표현할 수 있는 내용으로는 '변화', '갈증', '문제 해결', '품다', '생명', '시원함', '얼음', '장애물' 등 핵심 단어로 정의할 수 있다.

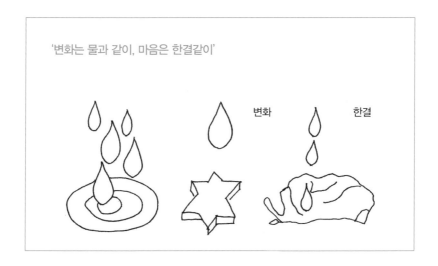

물은 형태가 없다, 변화를 의미한다. '물의 흐름은 막지 못한다.'는 의미와 '역사가 흐르듯 개인의 역사도 흐른다.'는 스토리로 표현을 할 수 있다. 그리고 '변화는 물과 같이, 마음은 한결같이'라는 뜻으로 부드러움도 있고, 반면에, '낙수는 바위에 구멍을 낼 수 있다.'는 강한 의미로 표현할 수 있다. 이러한 스토리를 주제어 '리더십'을 시연(Demonstration)으로 표현할 수 있다.

첫 번째, 페트병과 종이를 보여준다. 두 번째, 종이에 구멍을 낸다. 세 번째, 물을 종이에 붓는다. 네 번째, 가볍게 구멍을 낸다. '종이에 구멍을 내는 방법은 다양하나 물이 바위를 뚫듯, 물 한 방울로 쉽게 종이에 구멍을 낼 수 있다. 물은 부드러움과 강력함이 있기 때문에 '물과 같은 리더십이 필요하다.'는 의미 전달이 가능하다.

관심 31 프레젠테이션을 잘하기 위해서는 주변을 관찰하고, 기재를 찾는 것에 있다. 재해석과 응용으로 새로운 작품을 제작해야 한다. 청중들이 예상하지 못한 내용과 의미를 찾아내고 전달해야 한다.

디자인 적용 - 의인화 1

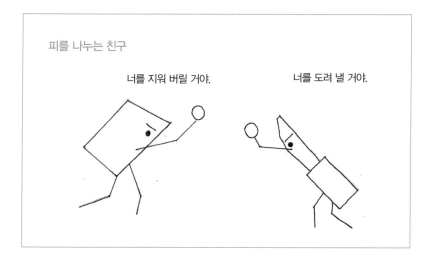

'피를 나누는 친구'로 의인화해서 시각화 자료로 제작했다. '세상의 모든 역사를 지워버리는 지우개는 친구가 있었다. 길을 가다 빛이 나는 칼을 만나 서로 친구가 되기를 약속했다. 포옹을 하는 순간 지우개의 어깨에는 핏빛이 보였다. 지우개는 '친구를 사귀는 것은 아픔이 있구나.'라는 깨달음을 얻을 수 있다. 스토리 구성과 핵심 단어는 '친구'로 정할 수 있다. 의인화 된 스토리와 자신의 경험을 연관시켜 말하면 된다. 친구를 사귀면서 아픈 기억을 청중과 공감하면 된다.

의인화를 통해 시각화 자료를 제작하고 스피치 하는 스킬은 2가지가 있다. 첫 번째는 구성과 스토리다. 시나리오 작업을 하듯 스토리를 만드는 것이다. 두 번째는 경험과 연결해야 한다. 의인화된 스토리만 전달하게 되면 유머와 위트를 벗어나지 못하기에 자신의 경험을 접목해서 메시지를 전달해야 한다.

주제구성은 아래와 같이 단계에 의해 제작하면 된다.

의인화(1단계)	스토리(2단계)	메시지(3단계)
기재의 의미연결	스토리 + 경험	동기부여

디자인 적용 - 의인화 2

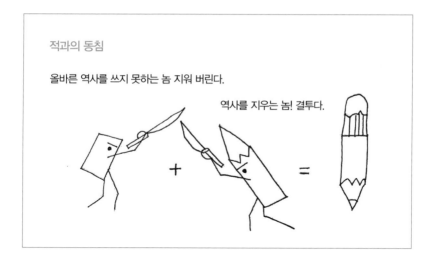

적과의 동침

올바른 역사를 쓰지 못하는 놈 지워 버린다.

역사를 지우는 놈! 결투다.

위의 자료는 지우개와 연필을 의인화를 했다. 쓰임이 다르기에 공통점을 말하기는 어렵지만, 두 기재의 핵심 단어를 '적' 그리고 타이틀을 '적과의 동침'으로 정했다.

스토리는 '연필은 사신의 역사를 지워나가는 지우개를 적으로 간주했다. 하지만 지우개는 잘못된 역사를 만들어 가는 연필의 흔적을 계속 지워나갔다. 연필이 '잘못된 역사 기록은 죄다.'라는 지우개의 말을 듣고, 연필은 지우개를 스승으로 모시고 머리에 자리를 마련했다. 이렇게 해서 만들어진 것이 '지우개가 있는 연필'이다.

주제에 부합하는 직접경험과 간접경험의 이야기를 접목하고, 인용을 통해 부가 설명을 해야 한다. 정의를 추구하면 악연도 좋은 인연이 될 수 있고, 상생할 수 있고 '영원한 적도, 영원한 아군도 없다.'는 의미를 전달할 수 있다. 상황에 따라 바뀔 수 있는 것이 인간관계다. 필요하지 않는 존재가 없듯, 서로를 이해하는 노력과 협력과 협업의 중요성, 화합과 조화의 필요성을 경험에 접목하여 발표하면 효과를 높일 수 있다.

디자인 적용 - 의인화 3

불가근, 불가원

함께 있으니 운치 있다.

의인화한다는 것은 우화와 비슷한 의미를 지닌다. 앞서 우화를 시각화 자료로 제작하는 훈련을 했다. 차이는 동물이 아니라 생활에 필요한 용품을 의인화한 것이다.

위의 자료는 컴퓨터와 커피다. 일상적인 아침 장면이며 운치가 있다. 커피 한잔과 업무를 위한 컴퓨터 그리고 사람이 어우러지는 그림이 연출된다.

다만, 공감은 얻을 수 있으나 발표자가 청중들에게 주고자 하는 메시지는 무엇인지 알 수 없다. 단지 전달하려는 목적이 '편안한 일상의 모습을 통해 우리의 삶에 고마움을 느끼는 삶을 살아야 한다.'는 정도일까? 아닐 것이다. 반전의 메시지가 있어야 한다. 유머와 위트가 있는 반전이 있다면, 메시지 전달의 효과를 얻을 수 있다.

숨어 있는 반전을 찾아보면 커피와 컴퓨터는 적이 될 수 있다. 커피로 인해 컴퓨터가 고장이 나는 경우가 있다. (Ⅲ. 구조화, 하이-포인트(Hi-point)참조) 컴퓨터 작업을 하면서 커피를 마시는 것에 대한 조심스러움을 추가하여 스토리로 담으면 된다.

컴퓨터와 커피의 핵심 주제는 '불가근, 불가원(너무 가까워서도 안 되고, 멀어서도 안 된다.)'이다. 인간관계 성공을 위한 핵심 단어이고, 실행을 통해 답을 찾아가는 노력을 해야 한다는 메시지를 전할 수 있다.

디자인 적용 - 의인화 4

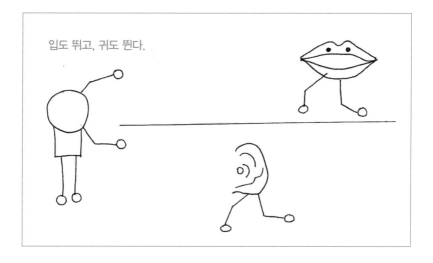

입도 뛰고, 귀도 뛴다.

위의 자료는 '말보다는 경청을 통해 사람을 얻을 수 있다.'는 의미며 '말의 비중을 줄이고 경청의 비중을 늘려야 한다.'는 내용이다. 인간관계의 기본 원칙이다. 문제는 어떻게 실천하는가이다. 경청의 첫 번째는 상대방이 주로 사용하는 단어를 사용하는 것이고, 두 번째는 추임새를 넣어줌으로 해서 상대방이 말을 잘할 수 있도록 도움을 주는 것이며, 마지막으로 좋은 질문을 하는 것이다.

메시지는 의미와 스토리를 가치와 철학으로 녹여 청중들에게 전달하는 것이다.

앞의 자료를 반대로 그리면 아래 자료처럼 된다.

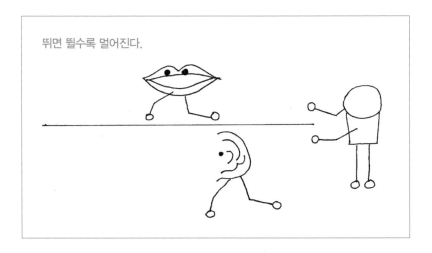

'빨리 뛰면 뛸수록 멀어지는 마음'으로 정의할 수 있고, '말이 앞서면 신뢰감은 떨어진다.'는 의미로도 설명된다.

의미전달 비중이 커지면 '훈시'가 되고, 스토리가 커지면 '자랑'이 되어버린다. 비중을 맞추는 것이 중요하다.

관심 32 프레젠테이션은 전체적인 그림을 보여주되 주제를 한정시켜 핵심 주제를 긍정적으로 전달해야 한다. 군더더기가 없어야 한다. 단어의 중요성과 스토리를 연계하는 훈련을 통해 프레젠테이션 능력을 향상시켜야 한다.

디자인 적용 - 의인화 5

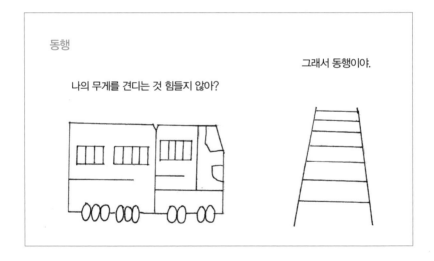

위 자료의 타이틀은 '동행'이다. 단어가 주는 의미는 '여행, 함께하는 사람', '비즈니스 파트너'의 의미로 같은 방향으로 함께 가는 사람이다. 동행은 따뜻한 말이다. 개인이 아니라 우리라는 의미다. 기차와 철도에 느낄 수 있듯 무거운 무게를 짊어지고 나아간다. 동행은 불편할 수 있다. 균등하게 나누는 것도 아니다. 누군가는 양보하고 희생해서 만들어가는 아름다운 단어이다.

'동행'을 백발이 다 된 노부부의 이야기로 대신하기도 한다. 세월을 함께 한 의미가 있기 때문이다. 지치고 힘들 때 의지할 상대가 있고 기쁨을 함께 누릴 수 있는 대상이 되는 것이다. 핵심 단어가 핵심 주제가 되고 스토리가 된다. 동행이라는 단어뿐만 아니라 '희생, 사랑, 나눔, 배려'라는 단어들은 따뜻함이 있고 감동이 있는 단어다. 주제에 따뜻한 경험이 더해지면 청중들은 감동을 받는다.

디자인 적용 2 - 단어의 해석

시각화 자료를 구성하고 제작하기 위해서는 스토리, 주제, 내용, 그리고 단어의 해석이 필요하다. 우화, 소설 등을 인용한 간접적인 부분과 직접적 경험을 스토리로 제작할 수 있다. 전달하고자 하는 대상이 누구인지에 따라 내용을 선택하면 된다. 단어연결을 통해 의미를 전달하고, 머릿속에 연상이 될 수 있도록 구성해야 한다. 특히 따뜻한 단어들은 의미만으로도 청중과 공감이 가능하다. 그리고 외면하지 않는다.

사랑 : 따뜻한 손 나눔

구세군 냄비

따뜻한 단어들은 감동을 주고, 공감을 나누는 스토리가 된다.

하지만 아래와 같이 부정적인 용어들은 청중들의 마음을 차갑게 만든다.

쓰레기 : 차지 마라. 한때는 사람과 가장 가까운 사이였다.

재활용 쓰레기통

자료는 긍정적으로 제작되어야 한다. 단어와 문장 사용의 적합성과 적절성을 생각하고 시각화된 자료를 제작하면 된다.

관심 33 따뜻한 단어의 사용은 편안함을 제공하고 신뢰(Rapport)를 형성하는 데 도움이 된다. 프레젠테이션 발표를 가볍게 하고, 청중들이 참여할 수 있는 상황을 연출할 수 있다.

디자인 적용 2 - 따뜻한 단어

따뜻한 단어 '나눔'은 자신이 가진 것을 함께 사용한다는 의미가 있다, 교환해서 사용하는 의미도 있고, 잉여 부분을 나눠 쓰는 의미도 있다. 개인이 가진 능력과 무형자산을 타인을 위해 돕는 형태도 나눔이라고 한다.

이렇듯 나눔의 의미를 사전적 정답이 아니더라도 자신의 생각과 철학을 정의해서 발표를 하면 된다. 참고로 다음 자료는 부정적 의미가 있는 나눔이다. 사랑이 나누어져 이별을 말하고 있다.

사랑은 둘이서 나누는 것이 아니다.

반면에 아래 자료는 무거운 사랑을 함께 짊어지며, 살아갈 책임을 말
하는 긍정적 표현이다.

가장 무거운 것

'따뜻한 단어는 느낌이다.'라는 말에 대해서 어떻게 생각하느냐는 질문
을 받았었다.

추운 날 자녀의 볼을 만져 주는 것이다

"큰 나눔, 작은 나눔은 없습니다. 처음부터 끝까지 그들을 위해 무엇을 할 것인가?를 고민하는 마음이라고 생각됩니다."

"따뜻한 단어를 온기라고 생각해도 됩니까?"

"네 저도 그렇게 생각합니다. 다시 말씀 드리지만 상대를 항상 그리는 마음이 아닐까 생각을 합니다."라며 위의 시각화 자료를 제작했었다.

따뜻한 단어들은 내용 전달에 한계가 없다, 따뜻한 마음을 실천하는 모습을 주변에서도 볼 수 있다. 나눔은 우리 삶의 일상적인 부분이기에 많은 스토리와 감동이 있다.

제5장

복합기재의 의미

조각모음으로

퍼즐 맞추듯

단어로 문장을

구성하는 것이다

단	하	고	결
구	어	연	
성	을	로	
장	문	해	야

단어로 문장을 구성하고 연결해야 함

기재와 기재의 의미를

재구성해서

전달의 폭을 넓혀

운용

조합된 기재에 의미를 부여하라

복합기재 종류

복합기재를 어떻게 확보할 수 있을까? 첫 번째, 상생이다. 꽃과 화분, 장미와 안개꽃, 연못과 잉어, 돈과 지갑 등을 생각할 수 있고, 두 번째, '정과 반'이다. '연필과 지우개, 칼과 종이, 라디오와 TV, 컴퓨터와 커피' 등이며. 세 번째, 유사의미다. '볼펜과 연필, 유리와 거울' 등이 있다.

복합기재를 적용해서 의미를 전달하기 위해서는 각 기재의 의미를 파악하고, 연결하여 주제와 관련된 메시지를 찾아야 한다. 아래 자료에 제시된 복합기재는 '초와 불'이다.

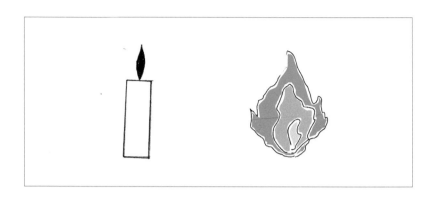

초는 '사라진다. 태운다. 희생한다.'는 의미가 있으며 불은 '태운다. 사라지게 한다. 재가 되게 한다.'는 의미가 있다. 문장으로 구성하면 '주변을 밝게 하기 위해 자신을 태우고 사라진다.', '자신의 희생으로 타인에게 밝음을 준다.', '재가 되고 사라지는 것은 불꽃같은 열정을 태웠기 때문이다.'는 의미 표현으로 청중들에게 전달할 수 있다.

복합기재의 사용으로 감동을 줄 수 있다. 문제는 어설픈 적용과 주제를 벗어난 내용으로 전개하는 것을 조심해야 한다.

복합기재에 대한 의미 부여

복합기재로 전달되는 메시지는 아이디어와 단어의 접목을 통해 청중
을 쉽게 이해시킨다.

관심은 꽃병이 아니라 꽃이다.

앞의 자료는 '관심은 꽃병이 아니라 꽃이다.'라는 타이틀로 '꽃보다 아름다운 화분은 골동품'이라는 의미가 있다. 주와 객이 전도되면 안 된다는 의미이며, 꽃을 관리하는 것이 아니라 화분을 관리하게 되고, 꽃을 보고 위안을 삼는 것이 아니라 화분을 보고 위안을 삼는다는 반어법적인 메시지를 전달할 수 있다.

복합기재는 두 개의 의미를 분리해서 한 개의 메시지로 전하는 것이다. 물론 별도의 의미도 있지만 조합해서 효과를 높일 수 있다. 큰 방향의 의미를 규정하고 복합기재로 증명하는 것이다.

복합기재 - 차와 찻잔

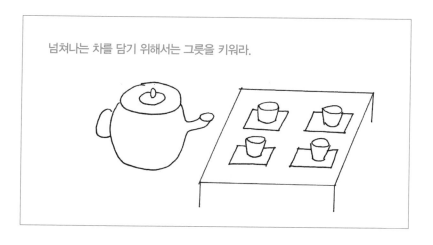

넘쳐나는 차를 담기 위해서는 그릇을 키워라.

'넘쳐나는 차를 담기 위해서는 그릇을 키워라.'는 것은 '큰 뜻을 이루기 위해 현재보다 큰 생각과 태도를 갖추어야 한다.'는 의미다. 리더들에게 '자기계발'을 당부하는 말이며, 다른 의미인 '그릇에 맞는 미션을 주어야 한다.'는 것은 리더십의 역량을 언급하는 말이다.

상황과 청중에게 맞는 의미를 전달해야 한다. 발표자의 판단과 결심 그리고 가치가 전달되기를 희망하지만 선택은 청중들이 하는 것이기에 다양한 정보를 제공을 해야만 한다.

앞의 자료는 리더십의 중요성과 앞서 말한 리더의 역량을 설명하고 있다. 그리고 차에 대한 의미도 있다. 녹차의 향기를 만들기 위해서는 사람의 손길이 많이 간다. 사람의 향기도 마찬가지다. '녹차의 향기처럼 사람의 향기를 맡기 위해서는 9번 이상을 만나야 사람의 향기를 느낄 수 있다.'는 의미가 있다. 또한 '녹차의 많은 상처들이 녹차의 향기를 더하듯 인간관계도 많은 붙임이 향기를 더한다.'는 메시지를 전달할 수 있다.

결론적으로 복합기재는 두 개의 의미를 분리 후 합하여 전달 효과를 높이는 것이다.

단일기재 의미

단일기재는 사물이다. 단일기재는 종류와 분류의 의미가 없다.

반지의 의미는 축하, 프로포즈 등 이벤트에 많이 적용되는 기재이다. 특히 결혼이라는 이벤트에 큰 선물이 된다. 프레젠테이션은 단일기재의 평범함을 거부하고 내용을 전달해야 한다.

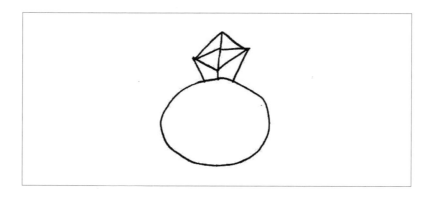

'계획 없이 성사뇌시 않는 것이 '결혼'이라는 인륜대사이기에 가벼운 연애가 아니고 무거우면서도 책임이 따른다. 결혼의 가치를 지키기 위해 빛나는 것이 반지이다.'처럼 메시지를 줄 수 있다. 용어사용에 대한 폭을 넓힘으로써 스피치의 차별화를 만들 수 있다.

단일기재의 의미는 한 가지만 존재하는 것이 아니라 명확한 스토리도 있다. 의미 부여와 전달하는 방법에 따라 지식과 지혜 그리고 경험의 요소를 내포한다.

아래 그림은 복권이다. 일반적으로 재수, 운을 표현할 때 사용하는 기재다. 하지만 복권을 구매하지 않으면 '행운'은 없다. 시간, 노력, 투자가 합쳐져 '행운'을 얻을 수 있다는 의미로 전달할 수 있다.

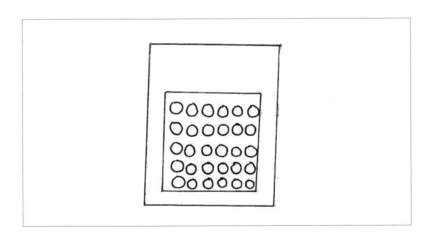

깊은 속내와 발표자의 가치와 철학으로 재해석해서 사람 및 사용처에 맞는 스토리로 증명하는 것이 효과적이다.

다음은 '사람'이라는 단어의 개념을 '삶'이라고 표현했다. '사'의 단어에 '람'을 연결시켜 '삶'이라는 단어로 의미를 연결시켰다. 다시 말하면 삶은 관계 속에서 만들어진다는 의미가 될 수 있다.

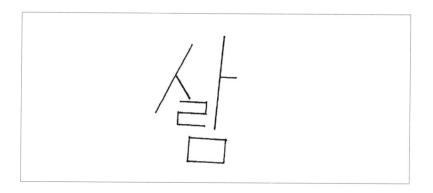

'관리'라는 개념도 자기관리의 의미도 있지만 삶에 대한 관리와 '목표관리', '비전관리', '과정관리', '시간관리', '성과관리', '관계관리' 등 여러 의미로 전달할 수 있는 것처럼 한계를 둘 필요가 없다.

단일 단어의 기재는 여러 가지 메시지를 담고 있음을 확인하고 스토리에 적합한 용어를 선택해서 적절하게 운용해야 한다.

제6장

프레젠테이션
완성

개울이 강물을 만나

바다를 만들듯

각 장이 모여

감동을 주는 것이다

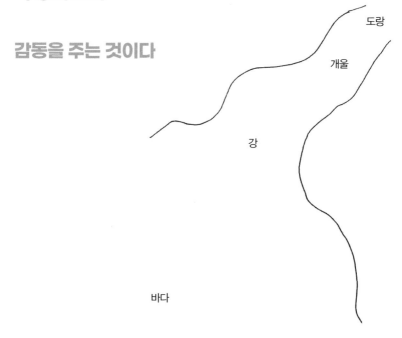

끝날 때까지

끝난 것이 아닌

태도로

반복훈련

프레젠테이션을 완성

프레젠테이션 완성

A는 설명을 기록하며

"이 많은 내용을 어떻게 프레젠테이션에 적용해요? 시간도 없는데."

시간이 부족함을 알지만, 버릴 내용은 없고, 기한 내에 발표 자료를 만들어 연습을 할 수 있을지 고민을 한 듯하다.

"프레젠테이션은 전달효과를 높이는 발표훈련만 하면 됩니다. 그러니 걱정할 필요가 없습니다."

"그 말 믿어도 되나요? 처음에는 발표만 하면 그만이라는 생각이었는데 내용에 대해 책임을 져야 하고 청중에 대한 배려 때문이라도 최선을 다해야 된다는 책임감 때문에 걱정이 됩니다. 주어진 시간이 3일 정도 남았는데 지금부터 무엇을 해야 되겠습니까?"

A의 고민을 해결하기 위해 첫 번째는, 주제구성과 청중들에게 하고자 하는 말, 청중들이 듣고자 하는 말이 무엇인지 파악했고, 두 번째는, 구조화에 따른 내용을 어떻게 가져갈 것인가? 마지막으로, 장별 스토리를 어떻게 구성할 것인가를 고민하며 속도감 있게 제작을 했다.

A는 행정서비스와 청중들이 범할 수 있는 실수를 프레젠테이션을 하겠다고 하며 항목별 스토리를 만들었고, 연습시간을 확보했다.

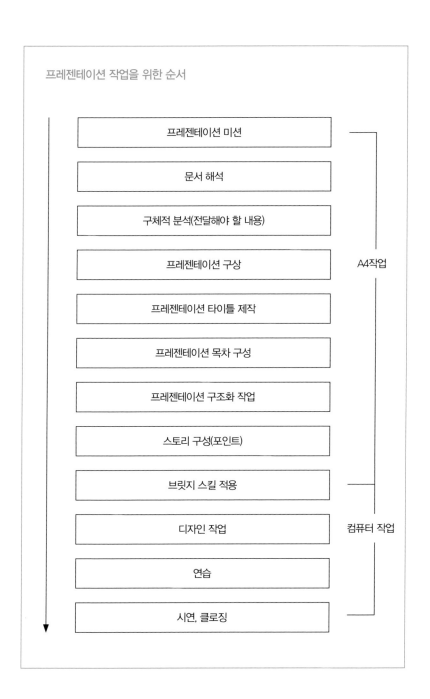

프레젠테이션 작업을 위한 순서

프레젠테이션 미션	
문서 해석	
구체적 분석(전달해야 할 내용)	
프레젠테이션 구상	A4작업
프레젠테이션 타이틀 제작	
프레젠테이션 목차 구성	
프레젠테이션 구조화 작업	
스토리 구성(포인트)	
브릿지 스킬 적용	
디자인 작업	컴퓨터 작업
연습	
시연, 클로징	

앞의 표에서 볼 수 있듯 작업은 컴퓨터 작업보다 A4 종이를 이용하여 전체적인 구도를 완성하고. 어떻게 구성하고 발표를 할 것인지?를 단계별로 준비를 했다.

특히 포인트를 둔 것은 3가지로 첫 번째는 핵심 포인트를 어디에 둘 것인가? 두 번째는 청중들이 감동을 느낄 수 있는 포인트. 마지막으로 청중들에게 동기부여를 할 수 있는 포인트에 중점을 두었다.

A는 프레젠테이션 제작 순서와 진행도를 체크하면서 준비를 했기에 불안감이 해소되는 듯했다.

디자인 제작 후, 5가지를 당부했다.
"첫 번째는 청중들과 시선을 유지하라, 두 번째는 스피치에 진정성을 다해라. 세 번째는 청중들에게 이익을 제공하라. 네 번째는 청중들의 시간을 충분히 보상하라. 마지막으로 동기를 부여해라."

그리고 훈련이 시작되었다. 처음에는 발표할 내용을 작성해서 보고 읽도록 했다. 용어를 A것으로 만들기 위함이었다. 다음으로 시각화 자료만 보고 훈련을 했고, 마지막으로 프레젠테이션을 보지 않고 훈련을 시켰다.
"발표는 보고 하시면 안 됩니다. 조사와 용어는 조금씩 다르게 표현해도 괜찮습니다."

"보지 않으면 불안해서요."

"대회에서도 보고 하실 거예요?"

"그것은 아니지만."

"그렇다면 지금부터 원고는 제가 압수합니다."

양보 없는 훈련을 진행했다. 처음에는 불편함을 보였지만, 반복적으로 연습을 하다 보니 용어들이 자료에 녹아들기 시작했고, 문맥의 흐름도 좋아졌다.

이틀이 지나고 마지막 연습 날이다.

최선을 다하는 모습에 '이제 되었다.'는 생각을 했다.

모든 내용을 스피치로 그려 낼 수 있었고, 스토리 구성은 지적사항이 없을 정도로 좋았다.

"이제 훈련은 끝났습니다. 수고하셨습니다. 결과가 어떻게 나오더라도 실망하지 마십시오."

"저도 실망은 안하려고요."

"제가 예상컨대 오늘 연습하신대로 하면 적어도 3등 안에 입상할 것입니다."

"정말요?"

"네 정말입니다. 이렇게 준비하는 사람도 없을 것이고, 내용적인 측면에서는 1등일 것입니다. 제가 심사위원이라면."

함께 웃으며 모든 훈련을 끝냈다.

발표 당일 저녁까지 연락이 오지 않았다. 혹시 등위 밖인가? 라는 생각에 아쉬워했다. 다음날 아침에 전화가 울렸다. A다.

"저 2등 했습니다. 어제는 축하 전화를 받느라 연락을 못했습니다."

"괜찮습니다. 수고하셨습니다. 1등을 못한 아쉬움은 없습니까?"

"전혀 없습니다. 솔직히 처음 연습을 할 때 의문이 들었습니다. '이렇게 훈련하면 될까? 안될 것 같다, 이것은 아니다.'라는 생각을 했습니다. 그런데 시간이 지날수록 저를 발견할 수 있었고, 연습한 대로 하면 좋은 결과가 있을 것이라는 확신을 가지게 되었죠. 막상 이렇게 수상을 하니 의심한 것에 대해 미안한 마음이 듭니다."

"괜찮습니다. 제게 배우시는 분들 모두 훈련방법에 대해 의심하셨고, 어렵고 힘들었다고 했습니다."

전화상으로 이어진 대화는 시간 가는 줄 몰랐고, 자신이 가장 힘들었던 마지막 클로징(Closing)의 어려움을 이야기하면서 대화는 끝났다.

이 책을 읽는 독자들에게 하고 싶은 말은 프레젠테이션은 첫째, 나를 위한 것이 아니라 청중들을 위한 것이고, 둘째, 그들의 시간을 충분히 보상해준다는 마음으로 해야 한다는 것이고, 마지막으로 즐기자는 것이다.

타인의 것이 아닌 자신의 것으로, 남의 말이 아닌 자신의 말로, 인용의 말이 아닌 자신의 경험으로 스토리를 전개하고 풀어나가면 된다.

더하여 생각의 전환, 확장, 포장 등을 통해 만들어지는 프레젠테이션은 거짓이 아닌 진실, 비현실적이 아닌 현실적, 실현 불가능이 아닌 실현 가능성이 있는 동기를 부여해야 한다.

아쉬움이 있어 다음을 기약하는 것처럼 1편에서 전하지 못한 실무와 기술을 2편을 통해 전달하고자 한다. 1편을 숙달하고 2편에서 다양한 스킬과 한 단계 높은 고급스킬을 익힌다면 프레젠테이션에 한해서는 프로가 될 수 있을 것이다.